異類矽谷

老派矽谷工程師
不正經的
深度田野踏查

鱸魚 著

（以下謹依姓名筆畫排序）

我們和同在矽谷的朋友們時常說，在矽谷生活幾年，價值觀已崩壞，雖是玩笑話但也有幾分真實，矽谷就是這樣一個會改變你人生的地方：打碎你原有的價值觀，再重新建立起一套矽谷式全新價值觀，而矽谷之所以為矽谷，正是因為有多元文化與包容的價值觀。

鱸魚用犀利準確的文字帶我們走進了不為大多數人知的矽谷，探索了在高科技產業蓬勃發展的外表下，那些真實卻讓人不願面對的窘境與代價，寫出了連矽谷人都不知道的奇聞軼事。他細膩的文筆讓人暗暗一驚，原來我們早已習以為常的矽谷百態，在旁觀者眼中竟是如此荒謬與幽默。這本矽谷生活大全讓人一窺真實的矽谷人生，無論是否待過，看過書後都會重新思考究竟何謂矽谷。

——肯吉與柯柯／「矽谷輕鬆談」Podcast 主持人

我一直不喜歡矽谷，卻很喜歡鱸魚。矽谷的瘋狂已顯而易見：知名大學教授窮到要睡車上、年薪千萬台幣買不起房、野生獅子闖進民宅……除此之外，矽谷明明走在世界科技前端，卻像難民窟一樣一天到晚斷電失火。但，這些瘋狂在鱸魚筆下都合理了起來，他總是能幽默輕鬆的為瘋狂歸納出理由，呈現矽谷的人生百態。

——阿淇博士／「阿淇博士 Dr. Achi」YouTube 主持人

鱸魚是一個混種且非典型的工程師，大學念的是英美文學，做過翻譯工作，最後成為「矽漂族」，在矽谷展開自己的工程師職涯，就這樣幹了一輩子。這獨特的背景讓他以深入的觀點，帶有人文的筆鋒，介紹一個更加真實的矽谷。《異類矽谷》不只幫助讀者從不同的角度認識矽谷，也幫助讀者從另一個方向靠近這世界。

——翁子騏／vocus 方格子執行長

由於我對網路產業的痴迷和投入以及工作之故，那北加州那泛稱矽谷的舊金山灣區，可能就是我最常到訪也頗感熟悉的外國地區了。也因此，拜讀《異類矽谷》給了我很多意料之外的收穫。

因為熟悉，我更能理解和想像書中描述的多數地理環境、矽谷文化和企業背景；因為熟悉，書中許多一般外人可能較無從觀察或注意到的情景，我更感到新奇和回味再三。

《異類矽谷》提供的不是美好表象之下的批判，而是更為誠實地表述其多元樣貌，提供一些思考的切入點，來拼齊這塊名為矽谷的圖像。

——楊士範／關鍵評論網媒體集團共同創辦人

來到矽谷之前，我早已是鱸魚的粉絲，那些關於灣區的人事地物，總讓我心嚮往之。定居兩年後，以在地菜鳥的觀點，對於他深刻的觀察力、精準的文字力，既兼顧知識性與娛樂性，又帶著人文關懷與省思，更感到嘆服。

因緣際會在疫情之下與鱸魚成為知交，深深感受他人如其文，見廣慮深；而這次集文成冊，我有幸先睹為快，更覺得文如其人，春風煦煦。

與其說我想推薦這本書，不如說我想推薦這位作者，我的矽谷前輩與好友。曾經我以為矽谷只有科技、新創與投資，因為鱸魚，我才有機會探究那些多數人以為熟悉、但其實並不認識的矽谷。

——詹益鑑／連續創業者與天使投資人、「矽谷為什麼」Podcast 主持人

所有人都能經由《異類矽谷》看到矽谷的另外一面，或許那將改變它在你心中的順

位，說不定會突然拉到最前面，或許你再也不需要真正去到矽谷。因為鱸魚已經都寫給你看了，不必去了。以後他也會繼續寫給你看，不必去了。

到底是矽谷實在太精彩，還是鱸魚文筆太好，不小心把它寫得太精彩？我不知道，但確定的是，矽谷本來就一直產出驚人傑作，而今天，它產出了鱸魚。也透過鱸魚之筆證明了矽谷的金字招牌，一切，都不意外。

——Mr. 6 劉威麟／網路趨勢觀察家

矽谷有什麼了不起？台灣就有好幾個！竹科矽谷、中科矽谷、南科矽谷，甚至還有亞洲矽谷！北京中關村、深圳都被稱為中國矽谷，班加羅爾是印度矽谷，愛爾蘭是歐洲矽谷，非洲大國奈及利亞首都拉哥斯也有非洲矽谷之稱。然而，正因有那麼多複製矽谷的嘗試，原版的矽谷才更顯難得，好像是個產業聚落，卻實質掌握著全球文化和經濟。

如果你和我一樣對矽谷有一知半解的認識，卻想一石二鳥地不去矽谷也當個矽谷通，一定要看鱸魚這本一魚多吃的矽谷田野踏查，看他如何生動幽默地描繪他所看見的矽谷，書中還有許多看似輕描淡寫卻後勁強烈的環境與社會反思。

——鄭國威／泛科知識公司知識長

說到矽谷，你的腦海裡會浮現什麼畫面呢？是風光明媚的加州陽光生活，還是日進斗金、影響力非凡的 Google、臉書等大公司？如果你跟我一樣，生活裡充斥著網路和科技產品，也許早就對矽谷懷抱著憧憬，或者覺得既親切又熟悉。令人莞爾的是，看完《異類矽谷》你將赫然發現，原來真實的矽谷並不是那麼一回事。想知道自稱吃了一輩子科技飯的鱸魚會帶領我們探索怎樣的美國夢嗎？現在就打開書，來一趟矽谷之旅吧！

——鄭緯筌／「Vista 寫作陪伴計畫」主理人、《內容感動行銷》《慢讀秒懂》作者

我在矽谷工作和生活了七年，這段期間對我來說是非常重要的人生經驗，「矽谷文化」深深影響了我日後的生活態度，而鱸魚正是帶領我深度體驗矽谷文化的人。他對矽谷的認識不僅有地理上的廣度，更有對在地文化和歷史了解的深度，這些都來自於他個人獨特的好奇心、洞察力，和願意嘗試與包容的個性。

市面上介紹矽谷的書籍不勝枚舉，網路上討論矽谷的資訊也不曾少過，但《異類矽谷》是我目前看過唯一最直接、最深入的，而且是鱸魚個人多年來實際在矽谷生活的經歷和體驗，以第一人稱的幽默敘述口吻分享在矽谷的食衣住行與文化，以及親身目睹矽谷十多年來的興衰與起伏。這本書不是介紹科技巨擘的人生勝利過程或全球最新科技的

發展進程，而是深刻闡述了矽谷的獨特文化。

——蔣萬安／台北市立法委員

市面上以矽谷之姿出道的文字族繁不及備載，彷彿只要和北加州沾上一咪咪邊，掛上矽谷的招牌，馬上能教你如何上天堂住套房並且晉升人生勝利組的行列。《異類矽谷》選擇反其道而行之，卻是我近年看過對矽谷最深刻的剖析。

鱸魚以不矯情的方式揭露了矽谷的真面目，矽谷的生活並不完美更不輝煌，《異類矽谷》那些惱人、繁瑣、細膩的小故事拼湊出來的面向除了貼近真實，也更加觸動人心。

——Dr. Phoebe／《換日線》專欄作家

《異類矽谷》是一本妙語如珠又深入人心的「矽谷叢林生存法則」，透過鱸魚的多年觀察筆記，以生動有趣的文字，呈現矽谷的多種族文化、工作方式、文化歷史、地理環境等各種角度的風貌。每一篇都有獨特的鱸魚式幽默風格，每讀三行就忍不住拍手叫好又感動，使人又笑又淚。而從字裡行間的美國台式幽默裡，更可看到那隱藏在有趣文字後的自我認同和情感價值，以及在矽谷的真實人生。

——矽谷美味人妻KT／「矽谷為什麼」Podcast主持人

目次 Contents

II 真實矽谷

III 野性矽谷

IV 驚奇矽谷

序幕

歡迎來到矽谷共和國

來自台灣的我們初到美國最弱的一環其實不是語言，而是與不同族裔相處的經驗。台灣雖然是由各種不同族群組成，但整體社會基本上仍屬同一種文化，我們完全沒有這方面訓練，直到飛機降落美國那天，突然得開始面對一個從來沒有準備過，學校也從來沒教過的新課題。

原來我們都被騙了

以前在學校聽到美國是民族大熔爐這句話時非常困惑，明明都是藍眼睛大鼻子，有什麼好熔的？電影和電視上看到的美國，不全是白人嗎？當然，有時候故事背景根本是英國，可是那時的我沒有這種分辨能力。

過去在台灣的我一直以為，只要是白人就是美國人，只要是白人就很有錢，房子又大又漂亮，只要是白人一定說得一口字正腔圓的英文。在台北街上一看到白人（甚至不是很白的白人），就自動把從電視上學到關於美國所知的一切和他們畫上等號。到了美國才發現自己受騙了，因為我來自台灣，我們全被好萊塢騙了，好萊塢向來是關著門說著瞎子摸象的故事。

當別人都羨慕你的時候，被羨慕者很自然就會跟著自大起來。美洲原住民明明比歐洲人早來一萬年，卻硬被美國人栽贓說是印度人，而且錯了幾百年都不改。英文「印第安人」和「印度人」完全是同一個字，還好中文翻譯可以主持一點公道。後來美國人在口語上稍微做了些修正，把原住民稱為「美國的印度人」（American Indians）——還是不願意放棄「印度」這個錯字。

但這想法又屬天真，因為印度人成為美國公民之後，也叫做「美國的印度人」。主流媒體直到近幾年才慢慢改口，把印第安人稱作「美洲原住民」，否則 Google 和微軟的ＣＥＯ在族裔稱謂上就和原住民沒有區別了。在這種模糊之中，兩位科技業最有權威的印度人並沒有吃虧，虧的是美國人的自大。

幾百年的自大，直到矽谷湧入大量不同的族裔主宰了科技與經濟，美國人才被迫放棄很多想法，甚至母語。矽谷迫使美國人認識了世界，也更認識自己。

今天出了舊金山機場上了 Uber ，你可能碰到一個英文比你還爛的白人，可能碰到一個必須仰賴手機即席翻譯才能溝通的黑人，可能碰到一個祖先一百五十年前就登陸舊金山的中國人，也可能碰到一口英文行雲流水你卻一個字也聽不懂的印度人。以前我一直以為語言只要流利就一定標準，直到遇上印度人才知道自己錯了。即使到了今天，我還是不了解為什麼有人英文能夠這麼流利但發音這麼不標準。莫非大腦裡面聽和說是兩個各自為政的部門？

但這就是矽谷，這些人也都是美國人。在舊金山上了這樣一輛 Uber，你就得接受這樣的母語，得接受這同樣也是美國。原來這就叫做「民族的大熔爐」，而熔得最徹底的，應該就在矽谷。

不過，首先得說明，這裡所談的矽谷，指的是廣義的矽谷，也就是在人文上、經濟上，以及科技上息息相關的整個舊金山灣區。經過五十年演變，矽谷已經成了舊金山灣區的代名詞。

其實矽谷的定義一直在改變，如果依照原始狹隘的定義，舊金山並不屬於矽谷，那問題就大了，因為推特、Uber、Airbnb都得排除在矽谷之外。用狹隘的定義說矽谷的故事，說的人累，聽的人更累，這裡請容我暫時拋棄定義上的繁文縟節。

矽谷共和國

如果矽谷是一個獨立的國家，人口大約是八百萬，高科技業者占八十萬，其中工程師占二十五萬，而且絕大部分集中在舊金山和聖荷西（San Jose）之間約九十公里的狹帶上，這裡毫無疑問是全世界工程師密度最高的地方。大型科技公司裡大約有三十五%員工是工程師，比例非常高，也顯示了科技業在這方面砸下的賭注。科技業較量血統濃度往往也援用這個比例，如果低於三十%，代表競爭力會下降。

這塊彈丸之地創造的經濟實力在全世界名列前茅，而這種經濟實力是由來自世界各地、各種不同臉孔共同建造出來的。沒有這些臉孔和膚色，矽谷可能早就被淘汰了。

今天走在矽谷街上，你會看到白人只占三到四成，而且裡頭有很多根本不是美國人。在這個近半數人的母語都不是英文的地方，如果想打造一個使用共同語言的王國，你必須學會聽懂南腔北調的英文，學會適應千奇百怪的異國文化，學會在社交場合假裝激賞不同族裔那些難吃的食物，更要學會在聽到令你噴飯的怪名字時，保持臉部肌肉的平靜。以前有位虎背熊腰的白人男同事天天穿大紅色高跟鞋上班，每次在辦公室狹路相逢，我都只敢看他上半身，以免表情失控，左鄰右舍也沒人敢在茶餘飯後談論這件事，好像那從來就沒有發生過似的。

這就是矽谷文化給人的歷練。

你自己原來的文化大可留在家裡私用，在職場上是另一種文化，那就是矽谷共和國文化——沒有障礙地包容一切，以最高效率打造個人和企業價值。如果打造成功，矽谷將改變你的命運；如果打造失敗，淘汰是必然的命運。矽谷每一個成功之後，緊接而來的就是面對淘汰，企業如此，個人亦然。不管準備好沒有，此一輪迴從不止息。矽谷文化大方犒賞，也大膽淘汰；很勢利，也很誠實——誠實到冷酷。

四十年膚色變遷

如今在矽谷，很多城鎮的白人已經正式成為少數民族。整體而言，矽谷族群分布大約是三成亞裔，三成白人，二成五拉丁裔，剩下的零頭由其他族群分享。亞裔裡，印度人占了四成。如果走進科技公司，成分就開始不按常理出牌；如果走進工程部門，族群分布更是打亂所有定律——只要碰上印度人，事情很少會照常理發展。

我待過五家科技公司，目睹了三十年變遷，工程部門的族群分布宛如一部縮時短片。早期的矽谷仍舊非常美國，第一份工作的工程部門近七成是美國白人，那時候耳朵聽到與眼睛看到的都清清楚楚地告訴我，這裡是美國。

九〇年代的矽谷沒有什麼印度人，也沒有中國留學生，公司的外國人多半是伊朗人和台灣人。當時矽谷出道爆紅不過十多年，剛從硬體轉型進入軟體工業。職涯前幾年，公司裡只要看見東方臉孔而英文不太靈光，就可以大膽猜測對方來自香港或台灣。

二〇〇〇年網路泡沫化之後，矽谷轉型進入資訊時代，工程部門開始出現華人與印度人。從此以後，印度就至死不渝地做一個科技人才輸出國。他們是矽谷人才最大的捐贈者，如果沒有印度人，矽谷很難有今天。

當然，這些人也意外地把矽谷印度化了，因此現今想在矽谷求生存，你得先徹底了解印度人和他們的文化。

來自全世界的「矽漂族」

今天如果去工程部門拜碼頭，你會看到五成印度人，兩成華人，剩下的零頭雖然是白人，但由歐洲國家點到為止地平分。如果閉上眼睛，我大概可以從英文口音猜出對方的國籍。矽漂族的鄉音往往準確標示了他們的原產地。

如果到工程以外的部門逛大街，你會發現白人仍占五成——他們擅長於技術以外的白領工作，而這些部門也同時告訴我們，矽谷不是只靠科技，包裝和企畫一樣重要。

大致把專長以族群分配一下，你會發現以色列人擅長構思，北歐人擅長設計，印度人擅長工程，華人擅長生產，美國人擅長行銷，而矽谷就是所有專長的組合。至於那些擅長休閒的，在矽谷很難找到適合的職位。

不同時空之下，矽谷共和國也巧妙反映了各國科技人才的供需與經濟實力。如果人才生產國有足夠內需，在矽谷就不容易看到他們的蹤影；如果經濟強盛，你也看不到來自那裡的矽漂族。因此矽谷工程師裡很少看到新加坡人、韓國人、日本人和西歐人。近幾年中國工程師人數開始下降，因為他們有足夠的內需消化人才。九〇年代中期台灣錢淹腳目，很多台灣工程師打包回國，留學生比率也跟著下降，近幾年才又有節節上升之勢，成為不同時空下，台灣經濟發展史在矽谷留下刻痕的例子。

課本從沒教過的生存技巧

在矽谷要存活，有一項生存技巧學校從來不教，那就是如何邀功、鬥爭和廝殺。即使不喜歡廝殺，你至少應該知道別人會怎麼殺你。這種行為說得禮教一點叫「提高能見度」，說得厚黑一點叫「代客收割」，說得血腥一點叫「鬥爭廝殺」。

華人帶著一身專業來到矽谷耕耘，常常發現高層感謝的並不是自己，或者旁邊突然冒出一堆助割的人。愛拚才會贏讓我們安心做個多一事不如少一事的耕耘者——當然，矽谷不會虧待你我，畢竟他們需要一些不敢抱怨的人撐大局。這是資源分配的藝術，無關正義，高層要為每個人都安排適當的角色。

鬥爭和民族性有絕對的關聯，全世界除了華人不會鬥，大家都懂得鬥，也愛鬥：歐州人愛鬥但是懶得出手，他們活著是為了度假；美國人想鬥但沒本錢，只能敲鑼打鼓犬吠火車；中東人地域性強會跟你纏鬥到死，但把他們當作午休的響尾蛇繞過就沒事；俄國人和以色列人不耍嘴皮子，是冷面型殺手，刀不隨便出鞘，一旦出手也絕不是吃素的；阿拉伯人同樣好鬥，更麻煩的是記憶力好，記仇能力遠遠超過駱駝。

印度人打從幼兒時期就發展出熱愛鬥嘴的天分，每件事都要爭個你死我活，一來一往永不嫌累，這件事在我鄰居家就可得到驗證。鬥嘴一旦扯到生存就升級成鬥爭。印度人無時無刻、隨處隨地、對內對外都鬥，喝酒吃肉之餘也不會忘記。那已經昇華為某種生活態度，就像喝杯星巴克般高雅隨興。他們可以在談笑風生中順便出手，第二天仍舊和你稱兄道弟——更糟的是那也都是真心的。印度人並不惡毒也絕不隱諱，鬥爭無關善惡，只是生活的一部分，是寫程式的延伸，是社交、是嗜好、是藝術，更是一種終極的信仰，能讓生命更多彩多姿。鬥完了，大家繼續肝膽相照朝目標努力，只是你不能比他強。我們不過是無法品味箇中滋味，不應該把它看成壞事。退一步，真的海闊天空。

戰場如此血腥，當然需要大量軟柿子，安心做個快樂工程師的角色往往就由華人填塞；反過來說，這也是矽谷科技高層有一半都是印度人的原因。

打造矽谷最重要的文化：認同差異

矽谷能夠一直活下去的主因，當然不是鬥爭廝殺，那只是小菜，軟實力才是主菜。

矽谷最重要的價值在於認同差異。有些公司會在男女廁所之外再加一間中性廁所，給那些無法確定自己性別的人使用。認定人類的性別只能有「零或一」也是一種另類自大。上帝造人不管是出於設計或差錯，本來就不只兩種選擇。世界上有二%的性別既不是零也不是一，而那同樣是上帝給的，這樣的差異只有矽谷敢率先承認。

幾年前一份公司內部的性別調查就出現了多種不同選擇，那不叫多此一舉到令人噴飯，而是「尊重所有存在的差異」，而且這不只是單一一家科技公司的文化，也反映了整個矽谷文化。

如果把認同擴張到所有族裔的自我認知上，不難在矽谷看出一股回歸自我認知的潮流。雖然身處同一個大熔爐，大家仍舊保有自己原本的特色，不會也不必為了迎合美式文化而放棄自我——即使是為了求生存，你都不需要喪失原來的自我。

矽谷人有四十%在美國以外出生，工程師則有七十五%在美國以外出生，身世「不合乎美國文化」本來就很正常，英文不標準也是正常。硬要大家做一個假的美國人來迎合少數人腐朽的期望，那才叫不正常。

有時候和其他族裔的同事去吃小籠包，我會用字正腔圓的國語說「小籠包」，他們第一次聽到會困惑，我用英文解釋，第二次他們就記住了。這東西原名就叫小籠包，不需要創造一個走樣的新名字去成全旁人的記憶，否則自我認知已經拋棄了一半。義大利人不會這麼做、日本人也不會這麼做。相信我，大家也期望聽到原版中文發音，而不是為了迎合美式耳朵而改造的假版。過去我們太過於為一個強勢文化著想，委屈自己成全一個賓主盡歡的假結局。那不是矽谷文化。

這裡是矽谷，大家都來自不同的自我，沒有人期望你犧牲過去以迎合美式文化。在矽谷，如果你沒有自我認同，別人反而不尊敬你。矽谷已經沒有人再在乎口音了，如果我的英文帶著口音，那表示我精通兩種語言、兩種文化，那是種優勢，是美國人應該羨慕我才對。

矽谷不停地製造科技，同時也製造新的文化。世人都看到矽谷的科技，卻很少有人看到矽谷的文化。矽谷文化讓人學會謙卑。只有身處多元的矽谷共和國才會讓人意識到，這個世界原來這麼富有多樣性。不挑食的人最健康，從多樣中成長出來的才強壯。「多樣」是資產，不是負擔，這是我在矽谷學會最重要的一個觀念。

每一天，矽谷都在針鋒相對的差異中找尋最優質的組合。你的價值在於敢和人家不一樣，同時也敢承認別人比你好，進而吸取那份好。創意不全來自開發，而是來自吸取最優的不同——蘋果電腦就是最好的例子。全世界的工程師都把自己文化的「最好」帶來矽谷，也大方奉獻自身優勢。

矽谷會有今天，靠的不是科技，而是來自四面八方的差異，以及背後支撐著這麼一大盤差異的獨特文化。如果只移植矽谷的科技，它很快就會枯死。要複製矽谷，就得複製它的差異，以及它對差異的尊重。要先有矽谷文化，才會有矽谷科技。

如果不是因為這樣的文化，矽谷不會有今天，也不會有未來。

I 砂谷共和國

矽谷不是地名，是文化

畢業後我花了美金七百塊買了一套三件式西裝面試用，那是最後潦倒必須返台的機票錢，第一次面試走進訪客接待室卻立刻後悔到無地自容，因為我根本就是降落在錯誤時空中的小丑。全公司上上下下都是牛仔褲加運動衫，沒有人穿西裝打領帶，只有我穿得比結婚還正式。

那套西裝從此擺入了衣櫥，直到前幾年才捐給慈善機構，就使用率來講肯定是全世界最貴的一套西裝。矽谷工程師沒有人穿西裝上班，有的話也是外地來面試的土包子，而且以後再也不敢，我也只有躺在棺材裡時才有可能考慮再穿上三件式西裝。

那是我第一次認識矽谷的穿著，也認識了矽谷這個地名代表的意義。

九〇年代的矽谷比現在更隨興，只要你記得兩隻腳有穿襪子，而且顏色大致相符就算正式。有次開會，一位同事沒頭沒腦認真讚賞我的鞋子穿法很有個性，一低頭，這才發現左右兩隻鞋子不同，連顏色也不一樣，印證了矽谷沒有無法接受的穿著。

那個年代的工程師大部分仍是白人，很多是嬉皮的延續——別忘了，嬉皮就源自舊金山——早期的矽谷多少繼承了一些嬉皮文化。記得有位捲髮披肩一臉絡腮鬍的同事上班時經常提著吉他，穿著涼鞋和窄管破牛仔褲，再搭配每天敘述不同主題的嬉皮衫。九〇年代牛仔褲破了，那真的就是穿破，不是花錢買來的破，更不是時尚。他帶吉他上班也不是炫耀，而是為了午休可以關上門練琴。

不在乎你怎麼想的工程師文化一直存在於矽谷。

當時工程師最酷的交通工具是開一輛認不出顏色的手排小卡車，或是一輛改裝過的福斯金龜車。如果有能力開超跑，那也是周末沿著海岸公路偷偷過癮，不會拿來炫耀。車子不外是工具或嗜好，最多只有酷或不酷。有位同事每天上下班開一輛永遠不用上鎖的小卡車，但另有一輛藍色超跑，還是某次必須開去保養才意外曝了光。汽車品牌和社會地位兩者在矽谷向來失聯，矽谷人不會羨慕別人開什麼車，就像你不會羨慕別人穿什麼襪子。

這個基本價值觀在矽谷也保存得很好。

今天的矽谷歷經了整整一個世代，科技與物質都有了很大的改變，但價值觀並沒有變。

電動車是現在最酷的象徵，如果你開特斯拉，那表示你在乎科技，更在乎環保，但不會有人把它和「高檔」聯想在一起。反倒是任何東西只要進了亞洲，一定要先拚死分出個價值高下，再依照社會地位來觀察誰開什麼車，否則這話題就無法引起大眾的興趣。

更講究的矽谷人根本不買車，沒車最酷，最環保，如果再加上不吃澱粉、周一到周五吃素、睡前吸點大麻，那就更接近今天的工程師式完美。新一代的工程師沒人抽菸，未必是為了健康，而是因為那太落伍。他們寧可把大麻當作舉杯敬酒的社交禮儀和時尚，而且都做得到淺嘗不失控。

矽谷式講究

矽谷人並非不講究、不浪費，只能說講究和浪費的對象不同。工程師看上喜歡的東西，一樣會砸錢滿足自己的品味，成全一種另類虛榮。

以前的鄰座同事有一天很興奮地告訴我，他買了一把美金四千九百塊的限量版Fender電吉他。我以為他是吉他高手，問了才知道他剛剛開始學，家裡還囤積了另外兩把昂貴的電吉他，擺著只是覺得酷。這是奢侈還是專業，外人永遠無法論斷。東西值不值得，在矽谷人眼裡不是從經濟的角度來衡量，只要酷，只要過癮，所有定義都可以推翻，這才是矽谷式的自我虛榮。說自我，是因為他們是為了滿足自己內心的想法，滿足於關著門時的沾沾自喜，不是做給別人看，傳統虛榮的定義在他們身上不適用。

矽谷人喜歡戶外活動，對於戶外活動的穿著很講究。登山或健行，從頭到腳可能都是專業。半天行程和一整天長途跋涉的登山，就是兩種不同的登山鞋。牛仔褲和一般球鞋是去公園的打扮，出現在登山口極不搭調。

其他國家沒人在乎的細節，在這裡都可能被人評頭論足。從事什麼樣的活動，就應該配合什麼樣的裝備。價錢不是問題，多久用一次也不是考量，要講品味就要專業。上街的打扮如果出現在登山步道，人家會認為你穿著不得體。

矽谷式時尚

矽谷獨特的時尚歧視如下：參加高階主管的會議穿短褲涼鞋沒人覺得不妥，周末踏青如果看到男士穿西裝褲、女士穿裙子卻會引起小小的騷動，若再加上一把陽傘，照片肯定會出現在社群網站上。牛仔褲只能用來上班、陪老婆逛街、去好市多或遛狗，總之就是做些很無聊的事，不應該穿著做登山、滑雪或騎登山車這種有品味的戶外活動。這是矽谷式虛榮的延伸。

把登山穿著帶進辦公室，近年成為另一種流行趨勢。早期矽谷穿著上的那種隨便，現在已經被另類淺時尚取而代之，在隨意中保持了淡淡的個人風格與品味。穿著一雙講究的登山鞋上班，給人的感覺是喜歡戶外活動，愛好大自然，這和環保是同一路風格，就和不吃澱粉一樣酷。

在科技公司辦公室走一圈，如果仔細觀察，你會看到世界知名的戶外品牌一一陳列在眼前。工程師在矽谷的標準配備可能是 North Face 登山夾克、Patagonia 高領羊毛衫，或一件 Mountain Hard Wear 純棉格子襯衫，一條有十幾個口袋的 Kuhl 登山褲，配上一雙 Merrell 或 Columbia 的淺筒登山鞋，外加一個放筆電的登山背包。矽谷沒有人提公事包，也沒有人穿皮鞋，上班上學的都是背包。這些運動穿著排汗通風保暖又擋風擋雨，矽谷人把它當科技穿戴，就像3C產品，而不是時尚。

登山裝備的另一個好處是極耐重覆性，好的衣物不必多，也許兩三套就夠。把自己當時裝模特兒那樣天天換衣服，滿足別人的眼光，無異是用排碳量來博取別人的認可，世界上應該有比這更重要的事值得煩惱。同樣的衣服天天穿，完全不擔心別人看膩──如果看膩了那是你的不幸。矽谷人就是這樣為自己而活，不是為了滿足別人的評價而活。

矽谷式炫耀

工程師很少在物質上炫耀，不過這並不代表他們不炫耀。人類必須要炫耀才能生存的基因仍舊存在於他們身上，但他們的炫耀方式稍有不同。想在矽谷共和國生存，你必須體會別人的言下之意，那些聊天中不經意的抱怨往往都是順便炫耀。一個受過訓練的聽者，應該第一時間就能立刻捕捉到背後的真正精神。

矽谷式炫耀很高檔，而且能淡淡地傷人。最高級的傷人方式就是讓對方在羨慕之餘帶一點自卑，如果能讓他微微恨你更好。一個堪為成功典範的高級炫耀在言詞上不能讓人聽出蛛絲馬跡，而是要讓對方順便感受到應該羨慕你，然後對應在自己身上，淡淡地自卑。

炫耀是一種說話技巧，也是在矽谷升官的重要途徑。它可以從三個層面剖析：第一是言詞，最膚淺；第二是內容，稍微高級些；第三是意圖，最高級。高級工程師在這方面都磨練得非常深刻。職位愈高、事業愈成功的人，段數愈高，表達愈不經意，意圖也愈不明顯。成功的炫耀不會在字裡行間和談話內容中留下把柄，意圖卻能水到渠成，把那些令人羨慕的小事不經意圈選出來。對話本意是要述說另一件事，那些不幸令你羨慕的小裝飾只是配菜。此等炫耀達到了「言者無意，聽者有心」的境界，讓你覺得受了一點傷，卻說不出為什麼。

在矽谷丈量身分地位有一套數字，因為數字最容易比大小。這種差別其實連猴子都比得出來，你在兩個簍子內放入不同數量的香蕉，看看猴子會選哪一簍就知道了。矽谷人的數字不外乎：每天有多少 E-mail 要讀，有多少會要開，一星期要做幾次簡報，每天工作幾小時，每晚要熬到幾點才能睡，昨晚最後一封 E-mail 幾點才出現……不過這些算是相當表淺的數字，這年頭大家都拿得出來，已經不值什麼錢，幾年前這一套倒還挺管用。

稍微高級一點的數字就是自己的團隊帶了多少人，上次出差去了哪些城市，哪一家五星級旅館已經累積了多少點數，哪一家航空公司累積的里程夠換兩張免費來回機票，公司股票最近又漲了幾趴，一年要出幾次那種煩死人的差，反正「唉，累死了」總是最後的結尾，目的是提醒只是累，沒別的意思。

如果對方說著每天有多少 E-mail 要讀、多少會要開，相信我，他不是要告訴你他有多忙，而是他有多重要；如果他抱怨好不容易帶家人去度假，高階主管卻打手機找他，搞砸了假期，相信我，假期即使真的搞砸了他還是很高興，因為高階主管有他的手機號碼；如果他不小心說他很頭痛不知道該選哪一個 offer，是在說明他的市場價值有多高；如果他抱怨有一大堆考績要寫、團隊多難管理，他是在提醒你他是位主管；如果他說昨天才出差回來，雖然搭商務艙還是一夜都睡不好，整句話的重點只在「商務艙」三字。仔細觀察一下，這類抱怨都是帶著笑容講的。

在言詞和內容上，這一類矽谷式炫耀連ＡＩ都無法偵測，所以相當高級。言詞間沒有談到價值，內容純是抱怨，至於意圖嘛，那完全要看聽者的心胸了。

矽谷式炫耀同樣得講品味，不小心讓人羨慕你幾秒鐘也不是什麼大錯，要不然所有的好事都沒有分享空間了。分享與炫耀的界線本來就很模糊，如果你的分享讓人聽完帶著一絲羨慕，那是個成功的炫耀；如果讓人帶著一絲不舒服，那是個失敗的炫耀。兩者都叫炫耀，只是一個還沒練習好。

當然，包括我自己在內，我們都走過那條炫耀的路，也沒有時間在乎分享與炫耀的界線。不過矽谷式炫耀的確和其他地方不同，至少今天在矽谷，沒有人會羨慕你的穿著與身上的佩戴。開什麼車、穿什麼衣服，戴什麼包包或手表，在矽谷完全傷不了人，因為沒人在乎。把那一套搬出來只會突顯你的價值觀。記得，那些都和襪子一樣，穿在鞋子裡看不到、也沒人看，就算看到了也沒人看得出差別，一身名牌留著沾沾自喜最實際。

矽谷沒有黑頭車

矽谷人不講究排場，不喜歡繁文縟節。全公司上下包括CEO穿的都是牛仔褲，正式的禮服不過是把T恤換成襯衫，牛仔褲堅持不變。只要有領子、有釦子，在矽谷就算給足了面子。正式商務場合對穿著的要求至多是 Business Casual——只要配合場合，您隨意就好，我從來沒有聽說過要求穿西裝的。

看看科技四大騎士的所有產品發表會，沒有一個CEO不穿牛仔褲。他們只有參加國會聽證會才穿西裝，那是上法庭必要的繁文縟節。離開法庭、離開教堂、離開了婚禮和葬禮，矽谷CEO到哪兒都是一條牛仔褲，旁邊也不會有隨從。

一位市值千億或一兆美元的矽谷CEO出門時，開的也許只是一輛庶民電動車。但在任何其他地方，他應該都是跨進一輛有司機的加長版黑頭禮車，可能還需要專人幫忙拉開車門，用手肘幫他擋著車頂，免得那個昂貴的腦袋不小心撞壞。放眼全世界，這些簡單的動作都是必要的形式與尊貴，但在社會地位是以排碳量多寡而非有多少人伺候來論斷的矽谷，有司機並不比當 Uber 司機光榮。要講求尊貴就必須放棄隱私，若要求矽谷CEO為了尊貴感而放棄隱私，那將是種羞辱。

車可以自己駕駛，門可以自己開，處處都需要人服侍只會突顯你在排碳與繁文縟節上多麼落後，是種負面形象。至於黑頭車，好一點的境遇是喝酒和開趴的出租車，下場慘一點的是葬禮車。

虛假的尊貴在矽谷和蚊子一樣不可能存活。

矽谷沒有「大老闆」這個字，如果你對一位科技CEO使用這個字眼，他可能以為你想向他買毒品。此地的人口只占全美總人口二％，上市公司總資產卻高達全美國二十六％。擁有兩千多家科技公司的矽谷毫無疑問是全世界科技密度最高的地方，如果所有

CEO都認定有人伺候就是尊貴，並以公司市值包裝自身陣仗，這彈丸之地將擠滿護衛隊和黑頭車；每一家公司門口、每一間會議中心都會穿梭著忙著替別人開車門的人；周末出門吃頓飯，高檔餐廳門口可能也站滿了維持大老闆尊貴的黑衣隊。

真要玩尊貴的陣仗，矽谷絕對冠軍。

創新的前提：拋棄繁文縟節

在矽谷，哪怕是和高階主管開會，都是在擺設得像IKEA展場的角落捧著咖啡坐下來蹺著腳進行，穿短褲完全沒問題，氣氛輕鬆場地隨意，談的卻是單刀直入的嚴肅話題；大家只想聽真問題找解決方案，不想浪費時間在繁文縟節。必須立正站好對CEO講話的文化只會滋養虛偽。

矽谷很多高階主管根本沒有辦公室，大家使用的都是開放式共享空間。臉書祖克柏的工作平台和一般員工並沒有不同。如果不是那張臉，這些高階主管出現在公司任何一個角落，都不過是另一位工程師而已。拿掉了黑頭車陣仗，他們周末出現在街上，也不過是陪家人上餐館、逛街的平凡矽谷人而已。

不分尊卑、平起平坐的開放式矽谷文化提供了一種集思廣益、自由溝通的平台。它想傳達的訊息是：高階主管不過是一位鄰座同事。一位CEO如果要看到真正的問題，要聽到真正的聲音，就不能把自己關在兩道門之後那威嚴又寂寞的總裁辦公室，由祕書決定誰可以見、何時可以見。

矽谷不講排場，沒有大老闆，沒有黑頭車，沒有繁文縟節，也不需要幫忙開車門的人，他們不怕CEO頭撞車頂，只怕他腦袋裡沒料。

矽谷的確有一種獨特的酷，而這個酷也造就了全世界最令人髮指的職場福利。當然，既然這麼酷，矽谷也極端冷酷，畢竟天下沒有白酷的酷。

矽谷不是地名，而是一個釀有獨特價值觀的地方。

需要重新學習的基本溝通

想在半數工程師是印度人的矽谷共和國生存下去，首先需要適度了解印度文化。這包括習慣T與D不分、B與P不分、重音經常前後顛倒，學會念耗掉電腦幾十個欄位的名字，學會讚美甜死人的甜點，知道一個人姓氏愈長他的故鄉就愈熱，以及姓氏如果以「ar」結尾，那他很可能吃素……最重要的是，你得學會判讀「印度式搖頭」。

你沒聽錯，因為這將影響到最基本的溝通，而印度式搖頭是全世界最令人費解的表達方式。

我一直以為點頭和搖頭是全人類，甚至是所有哺乳類的共同語言，但如此簡單的事在印度卻變得異常複雜，而且他們對於這複雜甘之如飴。

印度工程師主要崛起於九〇年代的網路泡沫化前夕。二〇〇〇年我從傳統大公司的百年老店跳槽到網路新創公司接受面試時，雖然已在矽谷職場混了十年，和印度人相處仍然非常沒有經驗。

小公司採用的是審判式集體面談，一次定江山。我走進會議室，赫然發現一屋子都是印度人，很刁鑽地問了些非常技術性的問題——他們喜歡這樣折磨外來的人，好在同儕面前突顯自己的優越。（找機會為自己創造舞台似乎比踏實考核重要，這是另一項你必須在矽谷適應的生存之道）

總之，那天面談後我相當沮喪。我自認回答得不錯，可是每論述一個問題，下面總有一半的人點頭，另一半的人搖頭，而且每個人點頭和搖頭的方式都略有不同，乍看像十幾個失控的搖頭公仔；也像用餐時間的養雞場。點頭和搖頭此起彼落各自表述，各有各的節奏，時上下、時左右，搞得我頭昏眼花。

認同別人而不經意地輕輕點頭是高雅的社交行為，不認同別人而當面不停搖頭是種國際性羞辱，如果不同意大可不用表示。那晚我帶著萬分沮喪回到家，準備為另一場面試努力。

哪知隔天公司打電話來，歡迎我加入他們的團隊，原來那些頻頻搖頭（或點頭）的工程師們竟然對我激賞到近乎感動的地步。當然二十年後的我已了解，點頭的那一半來自印度北方，搖頭的那一半來自南方。北方的表達合法合憲也合國際標準，此處跳過不談。南方那一半為什麼會以搖頭表示贊同，才是我們要探討的不解之謎。

總之，兩個禮拜後，我帶著人生最大的困惑轉進新職場。此後多年，我的困惑一直沒有真正得到解答。不只我，就連印度人也常常被自己人搞得一頭霧水。原因是印度式搖頭有幾十種差異，每一種都代表不同的意義。這些差異往往又和故鄉有關，所以沒有一致的通則。

經過十多年抽絲剝繭找尋答案，我總算理出了些許頭緒。這比我的正職工作還困難，因此讓人頗有成就感，下面將大公無私地分享研究所得。不過記得，這和銀行貸款利率一樣，每天都在改變，拿來娛樂娛樂就好。

博大精深的印度式搖頭

如果用工程師尖銳的觀察來分析歸類，印度式搖頭大致可以分為傳統式的點頭和搖頭、鐘擺式的搖頭（以額頭為中心，只搖頭的下半部）、節拍器式的搖頭（以下巴為中心，只搖頭的上半部）、米字型搖頭（鐘擺式和節拍器式的平衡綜合版，以鼻子為中心，上額下巴都搖），另外還有八字型搖頭，基本上是米字型的進階昇華版，把直線動作變成優美的弧線。

上述各種搖頭最重要的特色是，動作一定要像乒乓球般有節奏、有彈性，來回不停，不能嫌累。印度式搖頭不是一次性的動作，而是一種持續性的表達，這在全世界任何其他文化都不存在。搖頭在印度已經不只是表達，而是表演，更是崇高的藝術。

印度人並不就此罷休。由於以上所言都是在同一個平面上的運作，如果從側面觀察很可能看不出端倪，為了解決這個問題，他們又發明了搖頭的終極高階版——３Ｄ式搖頭，以確保你從任何一個座標和角度觀察都不會失真。讓人嘆為觀止的３Ｄ式搖頭就是利用下巴和額頭輪流向前點擊，再配合上述的平面搖法，以極富韻律，甚至帶著些許美感的節奏，表達人類最基本的肢體語言。

最感人的是，他們會一直重複同一個動作，確保你不會在眨眼的瞬間迷失。每次看到他們不停地以高難度高頻率交錯點頭搖頭，總讓人懷疑人類的後頸椎是不是暗藏著某些專家尚未發現的祕密關節。

以上所有的差異又和搖擺的幅度有關，保守的淑女可能降低搖擺的幅度，但基本精神仍在。震動的頻率也有很大的差異，大部分人每秒平均震動兩到三次；也有些真正練過的每秒可以震到七、八次，歷久不衰之外，還始終保持精準的一致性。當然，最後再配合眉毛機動性快速移位，往往又能產生節外生枝的意義。

腦力和觀察力的終極挑戰

我曾經很誠懇地想向印度同事拜師學習，但對方認為這是印度地域文化的一部分，沒有辦法機械式傳授，即使是臉書的ＡＩ也無解。整體判讀要綜合所在地區、當下情境、對方的個性、家庭背景，以及精準拿捏瞬間眼神與表情微妙的變化。對方若戴著太陽眼鏡或口罩，判讀就會失準。矽谷花了這麼多精力研究人臉辨識與無人駕駛，不如花點時間解讀印度式搖頭，也許會意外破解當今ＡＩ所碰到的困境。

如果沒事的話，你可以對著鏡子試試上述各類搖頭，就會了解「搖頭」在印度得歷經多少年修練才能做到精準與完美。

總之，印度人搖頭時，你必須全神貫注觀察他的軸心，衡量他搖擺的幅度、節奏與頻率，觀察他的眉毛與眼神。如果有馬錶輔助測量更好。也許基於這個原因，他們一旦搖起頭來就不輕易停擺，資訊量這麼龐大，必須給對方足夠的時間解讀。如果你知道對方來自哪裡，對於解讀案情大有幫助，因為愈往南方，搖頭方式愈豐富。這也意謂姓氏愈長，搖起頭來的時間愈長。對方如果來自偏遠的鄉村，問題的複雜度則會升高。

綜合以上所有情資，通常你大致可以勉強判讀對方是非常同意、略微同意、非常不同意，或有條件的不同意。說穿了就是激盪腦力和觀察力的綜合挑戰。

這種在其他任何一個國家都可能造成流血內戰的基本溝通差異，對印度人來講好像一點都不是問題。他們似乎一向都能在我行我素的矜持下和令人百思不解的複雜中，找尋到大而化之的包容，而且似乎非常享受這份複雜與費解。這也是印度精神的另類偉大——天下沒有非解決不可的事，只要過得去就行。

印度式搖頭已攻入矽谷主流社會

曾幾何時，此起彼落養雞場式的集體點頭和搖頭已經成了矽谷會議室的常態，大家見怪不怪，反正這年頭最後都要以 E-mail 白紙黑字確認觀點。當下點頭搖頭除了有點眼花撩亂，反倒增加些淡淡的娛樂效果。

肢體語言的跨國影響力相當驚人，我曾經不自覺地發現，自己也會用輕微的搖頭代表同意，只是味道也許還不到位，還有很大的改進空間——畢竟要學做印度人並不是那麼容易。

不過需要提醒的是，遇到緊要關頭，比方在法庭上聆聽判決，或是和印度人談生意、求婚，不要輕率地把搖頭當作否定。絕大部分情況下，搖頭也代表肯定，唯一差別只是肯定的多寡。即使在最糟的條件下，搖頭所代表的否定還是有商量餘地。

即使在矽谷待了半輩子，對印度式搖頭仍不時有新發現。幾個禮拜前一群朋友在酒吧聚會，這是疫情以來的第一次。當時每個人都喝了四、五杯，我注意到印度朋友在笑得開懷時也會搖頭，我每講一個笑話，就看到桌子對面的頭都像碰上三級有感地震那樣搖動一陣。那天一共喝了四小時，到最後有人除了呼吸就是忙著搖頭。所以我猜想「微醉」也是搖頭的條件之一。這使我想起搖頭丸，也許人類在大腦失控的時候都會搖頭，只是門檻不同而已。

印度式搖頭常常無關「是或不是」，純粹是反映一種極端的情緒。印度人感動、讚嘆或高興時都可能搖頭。他們可能愛一個人愛到一直搖頭，也可能吃到感動的食物而搖頭。如果上述兩件事同時成立，那更會一直不停地搖。搖頭在這種情境下，是一個純然且極度正面的形容詞。

如果哪天走在矽谷大街上，看到迎面而來的印度男人不停地對你搖頭，千萬不要覺得受到冒犯，對方可能深深感動於你的美麗，你應該覺得驕傲才是。

沙漠的困惑

那天中午和一位印度女同事共用餐桌，大家打個招呼，虛假歌頌了一番矽谷偉大的天氣就各自低頭用餐。

吃沒幾口，她突然問我：「我很喜歡沙漠。你呢？」

我想除了生態學者，沙漠並不是一種會讓人喜歡或不喜歡的東西。這有點像問「你喜不喜歡棍子」，不管回答是或不是，你都會是個變態。

我不知道該怎麼回答，但對方問得那麼誠懇，即使敷衍也得有深度。我在矽谷多年磨練出來的另一個生存技能就是，當你必須認真敷衍時，不要馬上回答，要貌似經過天人交戰，再給對方一個沒有答案的答案。

我假裝陷入兩難，眼神穿透那張認真等待答案的臉看著後面的紅花，耳朵偷聽著鄰桌的對話。

隔了三秒，我虔誠回答：「Yeah... I guess I'm OK.」「I'm OK」是很好用的中立語，幾乎能夠解套任何「是與否」的問題，而且永遠不會得罪人，是一種符合外交禮儀的否定——「ＯＫ」在此語意下代表微微的否定。這是英文的情境，絕不能照字面翻譯。假設在餐廳剛坐下來，侍者問要不要先來杯酒，而你回答「ＯＫ」，毫無疑問代表肯定，可是如果你回答「I am OK」，意思就完全相反，而是個善意的否定了。總之，我沿用了此一外交禮儀，意思是說我對沙漠並沒有那麼熱愛。

不過，答案不是重點，態度才是。我已經展現了曾經認真思考的程序。對工程師而言，過程比結果重要。不管對方問的是棍子還拖鞋，這個答案一定賓主盡歡。

哪知她又說：「可惜這裡沒有沙漠。」

這場對話已經發展到了令人想尖叫的地步。如果她喜歡「沙灘」，我可以推薦一些不錯的地方，但我不想提供任何資訊繼續滋潤這個話題。

還好這只是陳述句，不是問句，我可以專心低頭吃午餐，沙漠這話題也很幸運地在我有深度的敷衍後順利結束。

倒行逆施的印度英文

那天是周五，下午固定有公司的蠅頭福利 Happy Hour，擺上酒品，配上可口的小點心，犒賞忠心耿耿留到四點還堅持不走的人。

中午那個「沙漠的困惑」直到我拿著盤子夾點心時突然茅塞頓開。原來她是問我喜不喜歡「甜點」，我忘了這也是個印度人倒行逆施的字，還好沒有推薦她沙灘，否則她一定認為我是個變態，那時真的只有全程收錄的上帝可以還我清白。

沙漠（desert）和甜點（dessert）在視覺上像是孿生兄弟，確實有可能造成混淆，可是在聽覺上，一個重音在第一音節，一個在第二音節，完全是涇渭分明的兩個字，而印度人把所有的重音全部永恆地放在第一音節，絕不遺漏，絕不擔心誤解，自己也絕不會困惑。

矽谷工程師半數是印度人，倒行逆施的英語因此是矽谷人無法逃避的挑戰。印度有上百種語言及上千種方言。每個印度人的英語都可能製造一種獨特的困惑。若想在矽谷生存，你需要練就即席聽懂令人錯亂英文的額外能力，可從來沒有人告訴你該如何適應印度英文。這件事我是失敗的，有些事你不會想成功，因為成功的代價不是同化就是瘋狂。

下面根據令人抓狂的情節，由輕到重依序排列並幫忙解碼。

印度英文困惑第五名：又長又善變沒人會念的名字

那天一走進會議室，一個印度同事直呼我的名字，向我打招呼。這位同事在會議桌上至少見過十次，可是我只知道他的名字是A開頭，後面一堆字母記不得、搞不清、也不會念，永遠不會。我很早就學會了放下，正常人不該如此浪費珍貴的記憶空間。

對於我的名字「鱸魚」，同事都以會心的微笑迎接，而且絕對過耳不忘，只不過我很少記得對方的名字，不是大牌，而是我的名字是海鮮，連狗都記得住。我也因此學會了以誇張親切的聲音說「嗨」來填補對方名字的空白。如果在街上碰到，則假裝低頭打哈欠避開打招呼的尷尬。

印度人的名字有兩大特色，一是長，二是善變，就算學會了也記住了，往往也是白學、白記。

記得一位印度同事的名字第一次從公司內部郵件跳出來時，我知道這是個歷史時刻，特地加以記錄。他的姓有二十七個字母，名字長達十四個字母，加起來總共是四十一個字母，我相信這中間很可能還有因為資料庫欄位限制而必須忍痛放棄的字串。除了鄉親，我不知道世上有多少人記得住他的全名。那二十七個字母的姓，我可是用滑鼠三個一組，來回不停框列好幾次才成功確認的。

仔細分析的話，他的姓由五個不同的名字拼裝起來，名字則是兩個名字前後貼在一起，整個姓名一共是由七個名字串成。

印度南方有些地方並沒有「姓」這個概念，只有名字，比方村莊裡所有的人都以小強、小剛、小花來區分。怎樣辨識誰是一家人，或誰是誰的後代呢？他們就把父親的名字加在自己名字的後面。

可是，父親的名字也包含上一代的名字，因此最後長到不可收拾，直到大家發狂為止。而那個發狂的界線大約就是七個世代——挑戰人類的極限——七個名字毫不喘息地串成一個字，中間完全沒有空格。這種做法的缺陷重大，因為擴張無法永續，成本也愈來愈高，就電腦工程的角度來說，是失敗的設計。

更糟的是在某些鄉下地方，出生地也需要舞台，所以村莊的名字也可以加進去。有時候為了討好親戚，印度人會讓親友把他們的名字也捐進去，把為小孩取名字變成一種家族之間的拼圖益智活動。

這麼一長串字母的名字，在印度不是問題，出了國，問題全都來了，國際標準是名和姓要區分開來。印度人因此把字串一分為二，創造出可以分開記錄的名與姓，這也解釋了印度名字「善變」的下一個特質。

嫌累了？更讓人精疲力竭的還在後頭。

全世界應該沒有一個國家的名字可以隨時改變，姓與名還能對調並重新組合。但在印度，這個認知再次破局。

既然名字是拼裝而來，自然可以做出不同的排列組合，甚至裁剪一番，編出不同的新花色，像打麻將做牌那樣。

我認識的一個印度人本來叫 Kumar，曾幾何時突然變成了 Nanda，最後又變成 Nandarkumar，如果不是因為離職，應該還會繼續變下去。改名後第一次收到他的 E-mail 我以為來自另一個人，但發現照片是他，信件內容也有延續性。印度人不怕你困惑，也不覺得需要解釋，如果我會好奇那是我不正常。離職後聽說他又改名字，但我已經學會了不再崩潰。

有位印度同事的名字叫 Fnu，姓則是典型的印度姓氏。我稱呼他「發怒」——沒辦法，從沒見過如此簡潔的名字，只能照音發，念出來就是「發怒」。問他為什麼有這麼奇特的名字。他說那不是他的本名，是美國政府給的，因為美國無法接受文件只有姓而沒有名。他來自印度南部，沒有姓與名的概念，永遠只有一個字，所以那個字串只能拿來當作姓。而美國所有官方文件上，姓與名必須分開，要有 last name（姓）和 first name（名）兩個欄位，而且兩者都得填寫，否則根本無法輸入。因此美國政府就強迫給了他們一個統一的名字——Fnu。

坦白講這名字取得還不錯。我說這個名字很酷，他回答 Fnu 就是 First Name Unknown（名不詳）。還好線上會議我從不開攝影機，還好我即時把麥克風關掉，還好是在家工作，不必照顧到臉部外交。

有人把很長的姓砍了一半借去當名，用膩了就重新組合，變化無窮，但如果不願意為了借位而亂砍自己的名字，就得接受美國政府贈送的「名不詳」做為名字。這些人所有官方文件上的名字都叫「名不詳」，姓卻可能超長。「名不詳，姓超長」成了另類特色。

美國好殘忍，印度人好可憐，在矽谷永遠有學不完的見識。

印度人的姓名長，連同其他很多名字也跟著長。印度有個火車站叫做

「Venkatanarasimharajuvaripeta」會念的話請舉手告訴我。如果必須問路前往該車站，我寧可選擇迷路。這當然也是組合字，可是這麼一大串不分青紅皂白的字母，連要怎麼切都不知道。念之前，至少得搞清楚是怎麼組合的。他們似乎樂於把精力耗在這種地方。

名字複雜除了打招呼累人，對溝通沒有太大影響，這是排名最末的第五名。

印度英文困惑第四名：T與D不分的發音群組

T與D不分這個困惑大家可能都知道，也不算專屬於印度。只是印度人除了T與D不分，還有B與P不分，K與G不分，W與V也不分。英文二十六個字母中，有八個在印度是不分的。

以前我以為印度人知道P與B有別，只是發不出P這個音。後來發現我錯了，他們根本不認為這兩個字有差別，這叫做「公婆各有理」的發音群組。

有次和一位很熟的印度同事因為加油而討論B與P的區別。他把BP（British Petroleum，英國石油）念成BB。我說第二個字應該是P。他理直氣壯地問我，我說的不也是BB嗎？為什麼要糾正一個我和他沒區別的字？我那時才意識到，這比討論信仰問題還嚴重。

有些事你只能讓它永遠沉冤海底，那對大家都好。

另外有些組合式發音如CH或TH，印度人也不會放棄困惑別人。最奇妙的是，有人會把TH發成T，比方把Think念成Tink，T落單時明明就T與D不分，TH卻字正腔圓地發出T這個音。這不但錯亂，而且錯亂得前後不一致，毫無章法。

T與D不分除了聽起來有點彆扭，一旦聽習慣了也就能明白，應對上沒有太大影響，但接下來的第三名困惑一定會帶給你某些壓力。

印度英文困惑第三名：滔滔江水連綿不絕的陳述

印度人最妙的就是發音明明不準，說起話來卻宛如滔滔江水，連綿不絕。就像明明五音不全，唱起歌又台風翩翩，讓觀眾無所適從。

通常來說，發音不準，說英文一定很吃力，大部分華人都屬於這一類型。我們必須一邊說、一邊思考、一邊掙扎、一邊修正。印度人卻完全沒有這方面的障礙，說起英文不但行雲流水、運舌如飛，而且速度又快又沒有頓挫，完全不給聽者喘息的機會。

美國人講英文同樣會把字串起來說，說得也快，但在表達一個完整的意思之後，他們會稍微停頓一下，讓語意有段落，順便也讓聽者消化一下。這是責任、也是道德。話不怕快，就怕不分輕重又沒有段落，那足以傷害人類的知覺與聽覺。

有時候聽完印度人侃侃陳述一大段理論後，腦子裡只剩下一些繚繞不去的西班牙式抖舌音，其他完全不知所云。西班牙從來沒有統治過印度，兩個國家相距一萬公里，印度人竟也學會了西班牙式的「r～」抖舌音，甚至抖得比原版還入味。

最叫人難以平息的是，如果你把印度人說的話都打成字，你會發現句句都是金玉良言，幾乎可以即席出書。原來那滔滔江水都是有分量的內容，就像五音不全的人唱完竟收到如雷掌聲，因為歌詞實在太感人了。

印度英文困惑第二名：問腔與答腔不分

英文問句與陳述句最大的不同在聲調，句尾抬高聲調是問句，句尾聲調往下降是陳述句。不需了解內容，光從音調應該就能區分，這是靈長類都有的共識。有些人的印度英文卻肆無忌憚地打破了這個生物界千年法則。他們把陳述句的句尾聲調抬高，往往只是為了配合一時情緒，根本沒有要問你的意思。

由於我們已經習慣聽到語尾提高語調就是問句，往往下意識地準備回答。可是要開口時才又回過神來，發現在邏輯上那根本不是個問句。

如果不常說英語，你可能很難體會這方面的煎熬。其實中文同樣會藉由語調表達疑問句，好比「這本書是你的？」和「這本書是你的！」雖然內容完全相同，但是語調不一樣，語意就不同。

這種錯落感我可以再舉一例。那就好像有一個人心情好的時候，隨機把表達疑問的語尾助詞「嗎？」加在一個根本不是疑問句的句尾，說出「今天我真的太高興了嗎?!」或是「哇，你今天好漂亮嗎?!」這類令人精神分裂的語句。

有這種特異功能的人不多，也許是某一個地區的地理特徵，我職場生涯上只碰過幾個，但是由於破壞力強，只要有一個人攪局就足以把天下搞亂。

在矽谷的會議桌上，你會發現與會的其他人種經常鴉雀無聲，這並不表示他們沒有意見，而是大家在聽完陳述之後，得花很長的時間反芻、倒帶去理解，在你還沒能完全吸收前一段對話時，下一個話題已經又被綁架了。

印度英文困惑第一名：錯亂的重音節

五大困惑榜首是也。

對話時看不到單字，所有溝通都必須回到基本面，一切完全靠聲音和肢體語言，印度人在這方面仍不忘攪局。最容易讓人錯亂的就是碰到重音在第二音節的字時，仍然堅持把重音放在第一音節，無一倖免，永恆不渝。比方把 event 的重音搬到第一音節，聽起來就變成 even，percent 就變成 person。

不要小看這個差別，如果有人把「桌」念成二聲，你不把「桌子」聽成「鐲子」才怪！在矽谷這一切都如此講求精準與效率的地方，類似的困惑卻無時無刻不隱藏在字裡行間，而且你還不能面有困色，因為那多少有點不禮貌。別忘了，對方有可能是你上司。

過去在辦公室裡，大家有肢體語言可以做為輔助參考，日子也就這麼熬過去了。疫情爆發後大家都被迫在家工作，一切溝通完全靠線上會議，此等困惑時時威脅靈魂的健康。慢慢地我發現，印度人長篇大論之後，愈來愈多人，包括美國人，會說「麻煩你再說一遍好嗎」。每次我都在心底感激這些發難的勇士，同時也證實自己是正常的。

總之，在會議高速對話中突然出現一個牛頭不對馬嘴的字，我們的大腦必須急踩煞車，重新把這個字解碼還原，這段過程會花上好幾秒鐘。等到錯亂釐清時，對話卻已結束，徒留聽者滿臉困惑。

BUT，矽谷早已不在乎口音

上面舉的這些字是我工作上每天都會面對的。折磨了二十多年，每次都從困惑到試圖解碼，最後不了了之，因為對話早已結束，也造就了我學會深度敷衍的技巧。這是在矽谷工作必須承受的另類職業傷害，保險絕不給付。

然而，矽谷在乎的是說話的內容，不是口音。當很多華人工程師的英文寫作還在「沒有錯」的邊緣掙扎，印度人的英文寫作早已超越了美國人，用字與表達無不精準有力。矽谷在乎的是內容，這也是為什麼印度人能夠蜂擁進入高階主管群，華人在這方面連車尾燈都看不到。

畢竟這年頭，聽得到你說話而有幸被你困惑的人，僅限於面前幾個倒楣的。可是讀到你英文而被論述影響的人可能上百成千，而且會白紙黑字傳染下去。聽不到你的話，誰也不知道你把甜點說成沙漠。看不到你的人，誰也不知道你以搖頭表示同意，至於那長達二十七個字母的姓，全世界都可以用一個「嗨」來迴避。

在矽谷，膚色不重要，說話帶些倒行逆施的口音也不重要。歷史選擇強者，哪怕一路困惑別人也不重要，能說善道又懂得包裝的人，就是最後的贏家。

那些在山上的不尋常

矽谷既然是個山谷，可想而知兩面都是山，既然有山，可想而知就有很多登山步道。既然到處都是登山步道，在這個無趣的小地方，下班後或周末你就可能看到一些無趣的科技人靠著爬山折磨自己，我也是其中之一。不同的是，我是極少數騎登山車折磨自己的。

矽谷夏天將近九點天才黑，下了班如果爬一趟山，除了碰到幾個喜歡折磨自己的怪人，體驗到一些人生哲理，也可能學到課本上絕對沒有的專業知識，以及只有在矽谷登山才學得到的獨特知識，甚至偷聽到商業機密。

不尋常的矽谷人

COVID-19 疫情期間有天下班後我騎車上山，碰到一個女人來回上下跑，每隔幾分鐘就掉頭折返，然後又回頭，每次經過都對我打招呼，好像我不好奇問問就是我不正常。說真的，碰到一個極端不正常的事反覆在你面前發生，從該不該有反應到如何反應，都是殘酷的考驗。

為了怕她以為我不正常，我問她為什麼要這樣折磨自己。她說準備參加波士頓馬拉松，每往上跑兩分鐘就掉頭往下跑一分鐘，就這樣進二退一慢慢跑向山頂，和以前我在成功嶺被處罰繞著行進間的隊伍跑一模一樣。

我也碰過一個人上下來回騎車，朝我打了三次招呼。做這類怪事的人通常都很寂寞，也很渴望找個類似的人聊天。我雖然只不過比一般人稍微不正常點，但在山上要求不能太高，對那些怪人們來說，有我這種入門級的怪人也算聊勝於無。所以一旦招呼回應稍微熱情些，他們就會停下來認真打開話匣子。

上下騎車的怪人在科技公司擔任企畫管理，那天特別請假，打算花一整天上下騎七趟，做為參加著名 Sea Otter 經典越野賽的準備。這條路來回共十公里，平均爬坡率十七%，正常人不可能騎得上去，很多人連走都走不上去，一位幹練的登山客馬不停蹄來回一趟也得花三小時，這個人折磨自己的能力與毅力可想而知。而他不過是一位平凡的矽谷科技人。

還有一次碰到一個人背著離家出走才用得上的巨型背包。爬這種幾小時就能來回的小山要是裝備過當，很容易引起尊敬的猜測。看到那令人敬畏的大背包，誰都知道眼下此刻不過是另一個偉大目標的練習場，也不免好奇真正的目標是什麼。

這個人我碰過幾次，那天比肩起步時就多聊了一會兒。他是硬體工程師，公司就在山下，這座山是他的健身房，背包裡裝的是二十幾公斤的書，為的是準備爬阿拉斯加海拔六千一百公尺的麥肯尼峰（Mount McKinley）。他不只是個工程師，還是個非常有人生目標的工程師。

矽谷這麼狹小的彈丸之地，卻隱藏著來自世界各地這麼多的不尋常。不管大怪或小怪，矽谷人都懂得遵守矽谷共和國的基本憲法，那就是察言觀色，體諒一個比你不怪的人。大家專心自己怪，不會干擾別人。

當然，什麼事都有例外。

我碰過一個穿陸戰隊迷彩短褲的人打著赤膊騎車追上來，一路興奮地邊爬坡邊急著和我聊天。聽別人聊天我不怕，卻很怕別人想聽我聊。前者很容易敷衍，只要眼神誠懇就可以，這我練過，但騎車戴著太陽眼鏡很難發揮。更大的挑戰是他一直不停問問題，那已經超越了我的訓練範圍。

大腦思考需要充足的氧氣，回答也需要氧氣。我雖然話多但僅限於平地，爬坡時呼吸比較重要。我誇大喘氣聲，希望對方聽得懂，無奈他是休假的陸戰隊士兵，反應比較機械化，可能只懂命令不懂察言觀色。最後我停下來說爬不動了，要他自己好好享受剩餘的旅程。他很識相，朝我點了個頭就獨自離去。

看著他消失在山頭上，我很高興繼續自己的旅程，而且刻意放慢速度免得不小心又追上他。轉個彎上了山頭，我看到他在上面做伏地挺身等我，無比熱忱地歡迎我繼續剩下的旅程。剩下那段不能呼吸的旅程中，我認真思考了這種精力過旺的人能不能拿來做一點對社會有貢獻的事，比方發電。矽谷有兩個軍港，不定期有航空母艦停泊，貨源不成問題。

爬山碰到怪人，碰到豐富的電源，都是物質性的。但有時遭遇是精神性的，很可能讓你意想不到地學到一些人生哲理，後座力也更大。

受歧視的白人

第一次碰到尼克是在山頂那種不可能出現腳踏車，也不可能出現第二個人的地方。會獨自去那兒的人都有一點不正常——體力和心智都是——如果又是上班時間，背後可能就有更豐富的故事。

那天我休假，獨自騎車翻山越嶺在幾個山頭外的草地上休息時，看到一個人打著赤膊露出滿是刺青的雙臂從山上衝下來。在這種地方看到一個和你差不多怪的人，大家都會尊敬地互看一眼。我們交換了該有的尊敬，也打了招呼，並沒有交談。也許好萊塢電影看多了，我不太習慣在荒野和一個皮膚上有過多裝潢又不穿上衣的陌生人交談——他不是把上衣脫了，而是根本沒有上衣。在這種地方多少還是會以貌取人，如果他看起來帶著工程師淡淡的愚蠢，也許我們會有更多交流。

幾天後下班我又上山，在同樣的地方又碰到他，還是沒穿上衣。我找不到理由再逃避，打開了話匣子。尼克在建材公司當搬運人員，瘋狂喜歡登山車。果不其然，之後我經常碰到他，有時在山頂大老遠就聽到他叫我名字。

後來一年多沒碰到，再見面時我幾乎認不出他。尼克變得蒼老憔悴，臉頰上長出一層失業專用的白鬍根。那次他沒騎車，說需要錢，把單車賣了。一年前他騎車摔斷手肘，花了六個月復健而丟了工作。快一年的待業，他的高和帥也被貧困消滅了。以亞洲人的標準，尼克的長相足以當電影明星，在矽谷卻落魄到必須變賣行頭才能換來暫時的生存。

他說後悔當初沒進大學念電腦。我腦海中快閃過一個畫面：在美國，履歷沒人貼照片，卻可從姓名猜出種族，因此有些人難免在過濾技術性工作的履歷時，不經意地青睞印度人或華人，默默認定亞洲人技術比較強。看到一個兩臂全是刺青又高又帥又會說話的白人，大家寧可選擇長得簡單樸實，看起來聽話又安全的移民，拿到綠卡之前還不敢跳槽。

在矽谷，有時候連白人自己都不相信白人，他們在矽谷人心中，說勝於做又難管理，是個大家都不說的祕密。矽谷科技部門雇人的生殺大權幾乎都掌握在外來移民手中，白人的競爭力已處於劣勢，也許被歧視了都不知道。那張放到全世界各地都吃香的臉孔，在矽谷卻是種負擔。

我曾因騎登山車摔斷鎖骨而兩個禮拜不能出門，連續一個月只靠右手的五根指頭在家遠端工作。但我的工作沒丟，薪水也沒少，在家休養那段時間受到百般關懷和問候。

差別就在於我在工作性質上遠比尼克幸運。矽谷的勞力市場似乎仍然停留在古老的平台上運作，世界的重心並沒有停留在他們身上。人們對於 Google 員工餐廳菜單的興趣，遠比底層藍領階級的存亡多得多。

我問尼克可不可以告公司不當開除。他說找律師談過，律師卻說官司不會有勝算，因為他是白人。打種族牌，公司十之八九願意和解，但他沒有這張牌，所以律師不肯接案。我記得尼克說：「可惜我太白，如果我像你這樣就好了。」這話很酸但很真，那一刻他竟然羨慕我吃了幾十年虧的膚色。

沒有一家矽谷公司擔待得起種族歧視這頂帽子，給點錢讓你閉嘴是標準策略。種族的鐘擺在矽谷已經過度擺向了保護外來族裔，白人反而在情與理上成為不受保護的族群。正因如此，二〇一八年才有 Google 員工控訴公司歧視白人的案例，我也聽過其他科技公司被白人員工控告歧視的例子。這類案子多半以和解收場，不會搬上法庭。

那天我們沒有多聊就分道揚鑣，我看著那個高又帥卻在自己國家受到歧視的背影消失在路的另一端。那天之後，我再也沒見過尼克，我想他應該離開矽谷了。

我仍然騎車上山，腦海中卻一直繚繞著尼克那句話。原來我在這個國家背負了這麼多年的ＤＮＡ原罪，現在竟成了生存護身符。以前我也擔心過自己的膚色，下意識把自己當作外來的過客，暗自接受了上帝給的原罪，只要不是直白表明歧視，我也不想過度敏感，只求順利生存下去。

曾幾何時，移民在科技的席次上做了主人，與生俱來的劣勢在風水輪流轉的今天竟成了優勢，卻也不小心接下了歧視的棒子。原來歧不歧視根本不在膚色，而是優勢。處於優勢的人，很輕鬆自然地就會歧視處於劣勢的人，從外表，到性別，到財富，到技能，不都是如此？這些一直都活在我們的ＤＮＡ裡。

那天與尼克的一席談話，讓我看到了永遠不會去看的另一面。

一跨領域就成為白痴的工程師

假日和幾個朋友相約登山，碰了面才發現又是個小矽谷。幾位來自不同科技公司的工程師如果就這樣放在面前，外行人可能以為明天上班大家抽籤交換一下大概都可以得心應手，修車師傅互換修車廠，汽車照修；廚師交換餐廳，菜照出，不是嗎？

在矽谷，一旦跨了領域，大家都會成為白痴。

工程師這三個字只不過是一頂給外行人看的簡單又美麗的大帽子，帽子裡面是一個層次分明的大洋蔥。同一家公司分屬兩個不同部門的工程師如果展開專業對話，很可能雞同鴨講。若把工程師這行比喻成一顆洋蔥，某一個工程師的知識，只不過是某一顆洋蔥裡的某一層上的某一個小點，一顆洋蔥可能有幾十層，而且每一家公司又有自己獨特的洋蔥，有些可能和西瓜一樣大……如果想把洋蔥剝開探個究竟，那一定會痛苦到不停地流淚。巧妙的是把洋蔥組合之後，一切竟能無間隙運轉。這就是科技業。

剝洋蔥的最佳良方，自然是在談笑風生中不小心達成，最好還順便學到隔壁大戶人家大洋蔥裡的祕密。這些東西學校不教，書上讀不到，專家那兒也學不到——坊間的紙上專家沒人懂這些祕密。矽谷真正捲起袖子幹活的專家成天都在會議室裡煩惱，不會有人閒到和你分享祕密。

工程師的專業知識分兩套：一套是基礎面的理論與技術，這些東西 YouTube 就學得到，另一套是獨家開發出來的生存祕方。基礎理論如果把執行面放大一千倍就會崩潰。一個小網站知道如何處理十萬用戶是基礎技術；但懂得處理一億用戶，那就是大企業的獨家祕方。若想偷學獨家祕方，不妨到矽谷爬一趟山。當然你還得找對人。

那天幾位工程師中，有人專長雲端管理，有人專長軟體開發，有人是資料平台設計，有人是資料分析，統統來自知名科技公司，每一個人的專長都不同，卻又巧妙形成互補。我們一路邊走邊分享個人專長。從軟體開發到雲端管理，到資料流程到資料分析，四個不同層次的洋蔥，在一個最隨興的場合中串成一整套常識。雖然聊天不可能學到太多，但不必多學，只要比別人稍微多懂一點點跨領域的東西，你就會勝出。知道得深不如知道得廣，唬人是印度式搖頭之外最重要的矽谷生存技巧。能唬、能說、又能做，才算是矽谷全才。

離開了矽谷、離開了這樣的山野社交，你很難在其他地方找到這麼簡單的機會，同時學到這麼多不同的專業。天下最輕鬆的學習就是靠聊天。沒錯，辦公室裡到處都是專業，但沒人有興趣也沒時間用直白的英文跟你溝通，大家都忙著賣弄專業術語，你愈困惑對方就愈有成就感。辦公室是個競爭場合，專家根本不希望別人介入自己的領域，最希望旁人永遠當忠心耿耿的白痴。競技場裡只有競爭，沒有學習；在山林湖邊吃吃喝喝的時候只有朋友，沒有敵人。

一路的豐富

如果你沒有科技業朋友，不能一對一偷偷學習，但仍希望能像打開收音機那樣，隨處收聽專業知識，那應該選個周末，在矽谷幾個著名登山口等待機會。

你也許會看到穿著印有公司 Logo 的名牌羽絨夾克，戴著有公司 Logo 帽子，背著有公司 Logo 背包的人在登山口集合，矽谷常見的大招牌在這裡都可能看得到。矽谷大企業對於員工休閒裝備的贈品都很大方而且愈送愈高級，從身上穿的、用的、戴的，所有戶外休閒裝備幾乎都可以看到公司的蛛絲馬跡。

我們部門前幾天才要員工上網選擇一套海灘折疊桌椅或一頂四人帳篷，上面全印了小小的 Logo，產品設計和樣式看起來都很誘人。如果哪天我在露營區搭起帳篷，真正賺到的不是我，而是那個免費廣告。要員工為你打免費廣告，Logo 就不能太大，贈品的品質要好，產品要實用，而且最好是知名品牌。否則贈品很快就會出現在拍賣網站上。

我們團隊也會相約周末爬山，邊走邊聊工作上實際碰到的問題。你大可在登山口像 Clubhouse 那樣，找一個適當的房間一路慢慢跟著上山。這一路如果拉長天線，你會發現很多科技頻道都可能在這條路上出現。如果聽不懂可以轉台，在路邊等待下一個團體。到了山頂大家坐著休息，不同的公司也可能互相討論吸取別家的經驗，山上就是全世界最大的會議室，甚至有可能聽到一些意想不到的商業機密，有時候從一兩個關鍵字就猜得出哪家公司碰到了什麼樣的問題。

有這樣一路的豐富，同事們常笑說下次不如來這裡招募新人。如果要找工作，也不妨來登山口發履歷，合適的話邊走邊面談，下了山說不定就找到了知音。

矽谷有二十多萬工程師，大部分都很無聊，周末在附近爬爬山大概就是他們的挑戰極限。離開了矽谷，世界上再也找不到這麼集中，專業話題又這麼豐富的地方。你可以想像周末爬一趟台北信義區的象山，如果有很高比例的登山客是科技公司員工，而你又對科技話題感興趣，每一次爬象山不都可能是一次專業的知性之旅？

矽谷就是這樣一個奇妙的地方，每一個小小的平常背後，都可能有大大的不尋常。

然而，所有發生在公司之外的事，大家往往都把它留在原地，不帶回會議室。很多事自己知道就好了，很多怪人自己碰到就好了。這些怪人下了山就消失在茫茫人海中，和你我一樣平凡，彷彿從來沒有存在過，也從來沒有不正常過。

就像那個給了我珍貴啟示的尼克，我們從來沒有在山上以外的地方碰過面，四周也從來沒有出現過第三個人。有時候我甚至懷疑他是不是真的存在過。

II

真實矽谷

住不起的美國夢

第一次到舊金山朋友家作客，看到房子有點失望。印象中美式住宅不都是深宅大院嗎？後來才知道又被好萊塢騙了。舊金山的標準住宅就是左右相鄰的連棟式兩層樓住宅，後面一個狹長的小後院，前面緊鄰馬路，毫無隱私可言。不過當時只要有工作，只要肯吃苦，哪怕是人生失敗組，標準配備還是買得起。那時認識的台灣移民就算是打工，後來陸續也買了房子，雖然後半生要努力工作才維持得下去，美國夢的起點仍算有了開始，至少可以繼續走這條路。

但不久前出爐的統計數據顯示，今天舊金山的中等房價需要年薪三十三萬美元以上的收入才養得起。台灣人口中的「人生勝利組」也未必有這樣的收入。包括雙薪收入的家庭在內，舊金山符合這等條件的僅有十七％。

一棟中產階級標準配備的房子，為什麼從前藍領階級能做的美國夢，現在卻連人生勝利組都做不起？

如果退一步用租的，工程師們的日子可以過得充裕，但一般非科技業者仍舊很辛苦。四口之家現今在舊金山租一棟平價的兩房公寓，房租大約是美金四千塊，還未必含車位。一房公寓約莫美金三千塊，即便只是分租一間雅房，月租也得一千多——還是因為疫情撿了便宜。疫情之前，有些低收入戶連雅房都租不起，只好退而求其次租車庫、租衣櫥，甚至租衣櫃。舊金山早在二〇一五年就已超越紐約，成為全美房租最昂貴的城市。

月租九百元美元的衣櫥

舊金山有些老房子在入門玄關處有一個獨立的衣帽間，差不多兩坪大，擺得下一張床和些許個人衣物。就這樣一個衣櫥，看地段，月租就能從七百到九百美元不等。衣櫥至少有門，享有隱私，如果願意放棄隱私，也有每月七百美元論床位出租的，也就是在一般臥室弄個上下鋪，一切設施都與人共用。而且所謂的臥室，很多根本是屋主自己把客廳和公共空間隔成宿舍，把原本三房兩廳的公寓搖身變成五房出租。儘管這些都不合法，違建案例已經多到無法取締。

那種房間我見識過，走進公寓，看到的都是隔間，沒有光線。五、六個人共用一間樓梯下的小廁所，要淋浴還得上樓。《舊金山紀事報》披露，有人在客廳用木板釘了一個比棺材稍大的櫃子，以每月四百美元的價格出租，這個只能躺著睡覺的空間竟然也租掉了。

人們租的是床位和空間，不是房間，很多都是學生或單身打工者。可是碰到家庭，就不是只能容身的衣櫥或衣櫃可以解決。

舊金山公立學校的教師和基層警察的年薪約美金八萬塊，扣除所得稅，每月實際能消費的大約四千多塊，想租全戶的單房公寓非常吃緊，可能只好分租雅房。如果成了家有了孩子，除非雙薪，否則很難在舊金山生存。

《舊金山紀事報》曾刊載一位擁有碩士學位，在舊金山公立學校教數學的女老師，因為房子付不出貸款被拍賣，又因為收入太低租不到房子——在美國租屋要提出房租三倍的月收入證明——最後淪為無家可歸。女老師並沒有失去工作，只是提不出符合的收入證明，最終離開了舊金山回到家鄉。

一位聖荷西州立大學教授被迫睡在車裡，在車內準備教材、改考卷，睡覺時再悄悄開到打烊的大賣場停車場，選個最偏遠的角落過夜。CNN報導，擔任酒保並帶著兩個孩子的單親媽媽因為繳不出房租，被迫搬進別人的車庫裡，她家大門就是車庫鐵捲門。每當拉起捲門回家，全家的隱私一覽無遺呈現給過往的路人。這個每月用美金一千塊租來的車庫所提供，不過是一張放在地上的床墊、簡單的衣櫃，以及後頭一間必須與人共用的淋浴間。同樣地，單親媽媽從來沒有失去工作，她只是提不出三倍房租的收入證明。車庫住人當然不合法，不過當居住變成了生存問題，合不合法已無人在乎。

舊金山有二十五% Uber 駕駛晚上睡在車上。他們負擔不起矽谷昂貴的房租，只能住在偏遠的城市，由於距離遙遠堵車又嚴重，每星期都有好幾個晚上睡車上，寢具就放後車廂。如果哪天在舊金山坐 Uber 看到他們的寢具不必吃驚，你不過是不小心看到了最真實的矽谷。

很多底層的矽谷人距離無家可歸只有一個月的薪水，那來源薄弱到經不起任何挑戰，只要失業一個月就可能淪為無家可歸。這年頭被迫流落街頭或睡在車上的，不再是毒蟲或醉鬼，很可能只是底層努力求生存，一時失業的小庶民。

一個城市最脆弱的一面，往往都是夜深人靜之後才會出現在你看不到的角落，觀光客看不到，也不會出現在社群網站上。

成功的代價

舊金山為什麼會出現這樣的居住浩劫？因為它在科技上的翻身做得太成功了，好到必須為自己的成功付出意想不到的代價。

舊金山以前只是個浪漫美麗適合度假的城市，有夠多高檔餐廳和名品百貨，少有高科技工作，是矽谷人周末消費的好去處。那時候的高科技工作都在南灣，畢業後我們都急著往南邊的矽谷跑，沒有人要留在舊金山。

然而，接連兩任市長，從紐森（Gavin Newsom, 2003-2011）到已過世的李孟賢（Ed Lee, 2011-2017），努力把金融區外圍傾頹荒廢的倉庫區打造成第二個矽谷，在三平方公里的範圍內成功塑造了世界級巨人，包括 Uber、Airbnb、Salesforce 和推特都在這裡孵化成功，也都把總部設在這裡。

原本的舊金山只是矽谷的科技培訓中心，只要翅膀硬了，大家都南遷到矽谷繼續擴張成長。科技新創的碼頭舊倉庫只能做為孵化器，不能做為發跡後的總部。

舊金山市場大道一帶有地鐵，有人潮，有觀光客，有零售業，也有門面，二〇〇八年次貸經濟危機爆發後，市場大道南段的辦公大樓幾乎空了三分之一。二〇一一年推特為了準備上市，開始在南邊的矽谷找尋新的總部地點，時任舊金山市長的李孟賢於是先從推特下手，推出如今俗稱的推特條款：任何高科技企業只要把總部搬到市場大道南段，掛上自己的企業招牌，就可享有八年的免稅優惠條例。

推特第一個買單，緊接著新上市的 Zendesk 科技也跟著買單。推特的磁吸效應下，短短兩年內，二十七家高科技公司先後跟進，把總部搬入了舊金山市場大道。

微妙的滾雪球效應就這樣發威了。這些高科技公司雇用了將近一萬名工程師，這些人才吸引了更多的新創公司進入舊金山，新創公司成功之後又吸引來更多的人才入駐。Uber、Airbnb、Lyft、Square 和 Dropbox 都是在這些條件之下茁壯成為世界級企業。現在這些公司如果需要人才，舊金山本身就可以自給自足，他們不但不需要南遷，甚至有足夠的吸引力可以和矽谷打對台搶人才。有了推特、Uber、Airbnb 的光環，舊金山儼然成為第二個矽谷。

功成名就的科技巨人之外，這裡還擠滿了近百家躲在倉庫內蓄勢待發的科技新創。這些公司一共雇用了幾萬名科技新貴，平均年薪都在美金二十萬以上。科技公司為了搶人才，只要是名校畢業，即使完全沒有工作經驗，起薪就是十萬，外加紅利和股票。科技新創公司若成功上市，順手就在舊金山製造了一群百萬富翁。

舊金山是美國西海岸最五光十色的現代化城市，它小而美又自由開放，對年輕人有極大吸引力。矽谷大企業每年吸引上萬名常春藤名校畢業生，這股由 Google 和臉書領軍的風潮不在乎經驗但需要頂尖的創意，名校自然成為招募人才首選。大公司每年暑期都會吸收大量實習生。舊金山市政府於是和企業接觸，希望他們把實習生住宿安排在舊金山，由公司提供交通車接送，藉由舊金山的居住吸引力，幫助企業物色到最優秀的人才。

有朝一日，實習生升格成正式員工，很自然地也會選擇落腳舊金山，每天搭乘由大企業提供的免費接送巴士上下班。幾年下來，幾乎所有的矽谷大企業都有自己的巴士和路線。員工們每天坐交通車通勤，車上有 Wi-Fi，在車上的時間也算上班。這種巴士在舊金山通稱為 Google Bus。

很快地，舊金山的高科技業人口衝到了十萬人，年收入總和近兩百億美元。扣除所得稅，那就是每年百億美元的消費力，還不包含大企業帶來的其他經濟效益。而這些，統統都是推動舊金山經濟快速成長的源頭。

這座原本以觀光和金融為導向的城市，在經濟最不景氣的次貸危機後，成功轉型成為第二個矽谷，創造了第二次淘金潮，卻也走入了一場居住浩劫。人才進來了，大型科技企業進駐了，經濟也以每年十一%的速度成長了，但舊金山三面環海，居住空間早已飽和，更糟的是，這座城市擁有最嚴格的建築法規，限制了住屋的成長。

過去舊金山的美，其實是被纏腳布綁出來的。

保障居住視野的底線

來過舊金山的人也許都注意到，離開了金融區幾乎就看不到高樓大廈，和世界其他知名大都市相比，舊金山應該是居住密度最低的。打開都發局的地圖看看，所有的答案竟然都在上面。

地圖顯示，舊金山約有十%是完全禁建的保護地，占全市七十%的住宅區則有嚴格限制，不能蓋公寓，不能有商店，每塊地只能蓋一戶住宅，高度最多三層；靠近路口的地段可以蓋四層樓公寓；主要幹道兩側可以蓋四層樓以上的公寓和店面。換言之，除了金融區，大部分地方對公寓和商店都有嚴格限制。這種事若發生在台灣，政府可能早就被推翻了。

當年剛到舊金山時非常不習慣住宅區沒有商店，除了一望無際的連棟式兩層樓住宅什麼也沒有，晚上一片漆黑又沒公車，隨便買個東西都會走死人。這就是住商分離的都發法。

看完這幅處處受限的都發圖，我想大家都會做出共同的結論：房租不貴才怪！這塊長寬各十二公里的土地要是搬到台北可以住三百萬人，舊金山只有九十萬人卻已搞得雞飛狗跳。

走一趟舊金山住宅區，你會發現金門大橋的紅色塔柱在好幾公里外都看得到，金融區摩天大樓的天際線和眼前古色古香充滿藝術文化氣息的維多利亞式住宅形成強烈又美麗的對比。許許多多風景明信片、電視、電影都用這份氣質美景為襯，這是舊金山的旅遊資源，也是防守底線。

然而，過度追求特色如今已經變成了無所不干涉的極權。都發法深入每一條街的每一塊土地，法條內容都由議會制定，議會又是執行民意，城市發展幾乎完全被現有居民把持。而所謂的現有居民，說穿了就是既得利益者。已經上車的人當然不希望別人上車，免得搞壞自己的搭車品質。在舊金山，視野和景觀比居住權更重要。

如此有限的居住資源之下，又加上短短幾年內湧入的十萬科技新貴，難怪舊金山房租獨霸全美。這個連續多年當選為全世界最美麗、最有特色的城市，必須為這份榮耀付出慘痛的居住代價。

摩天大樓與帳篷在街角交錯

舊金山成功地從一個觀光城市轉型成為科技城市。小小三平方公里的ＳＯＭＡ區造就了世界頂尖的網路科技公司群，密度應為世界最高，也最值得引以為傲。掙扎、努力了十年，舊金山保住了科技，也保住了美麗和特色，卻犧牲了底層市民的居住權。居住是這個城市最大的失敗。

入夜後如果走在舊金山街道上，兩邊倉庫往往仍舊燈火通明，裡頭很可能就是下一個 Uber 或 Airbnb，街邊則可能出現帳篷。當你抬頭仰望 Salesforce 總部三百二十六公尺高的大廈時，也得小心不要踩到露宿街頭的遊民。

舊金山就是這樣一個美麗又殘酷的地方。屋內也許是下一個千萬富翁，屋外也許是一個繳不出房租而露宿街頭的市民。

矽谷的極限通勤族

矽谷不斷創造科技名詞，同時也創造生存名詞。

過去的矽谷有「超級通勤族」，定義是每天花三到四小時通勤的人。我周遭的同事幾乎有四分之一都符合這個定義，因為他們住在山的那一邊。

最近這幾年矽谷又出現了「極限通勤族」，因為「超級」已不足以形容通勤的壯烈。這些人每天的通勤時間是四到六小時，因為他們住在山的那一邊的那一邊。

除非在舊金山金融區工作，不然在矽谷幾乎無法以大眾運輸系統通勤，開車是普羅大眾唯一的選擇。這是整個美西的不幸。雖然通勤時間本來應該只和距離有關，可是在矽谷，通勤時間卻和房價與工作扯上關係。

要了解此間的微妙關係，要先大致了解矽谷的地形。

地理特徵造就的通勤惡夢

矽谷的地形是個長九十公里、寬三十公里的狹長山谷，中間一大塊又被舊金山灣占據，真正可以居住的就是海灣兩側的狹長地帶。更糟的是，大部分科技公司都一面倒，集中在舊金山到聖荷西之間的海灣西側，主要只靠一條高速公路貫穿。那條高速公路就像一段綁滿粽子的繩子，每一顆粽子都是科技人追求的夢。

不難想像，這裡是蛋黃區，中間房價約一百五十萬美元，而且是非常不起眼的房子。至於通勤，那得看住家和公司各在繩子的哪一端。平均而言，蛋黃區內每天平均通勤時間大約是一到一個半小時，也就是單趟三十到四十五分鐘，算是矽谷通勤的天堂。

如果退一步住在海灣東側，這裡同樣只有一條高速公路貫穿，上面掛的粽子都是住宅區，房價便宜三成，算是蛋白區。然而，大部分科技工作都在海灣西側，你必須付出每天大約一個半到兩個半小時的通勤代價。這算是矽谷通勤的平均值，令人不悅，但尚可忍受。

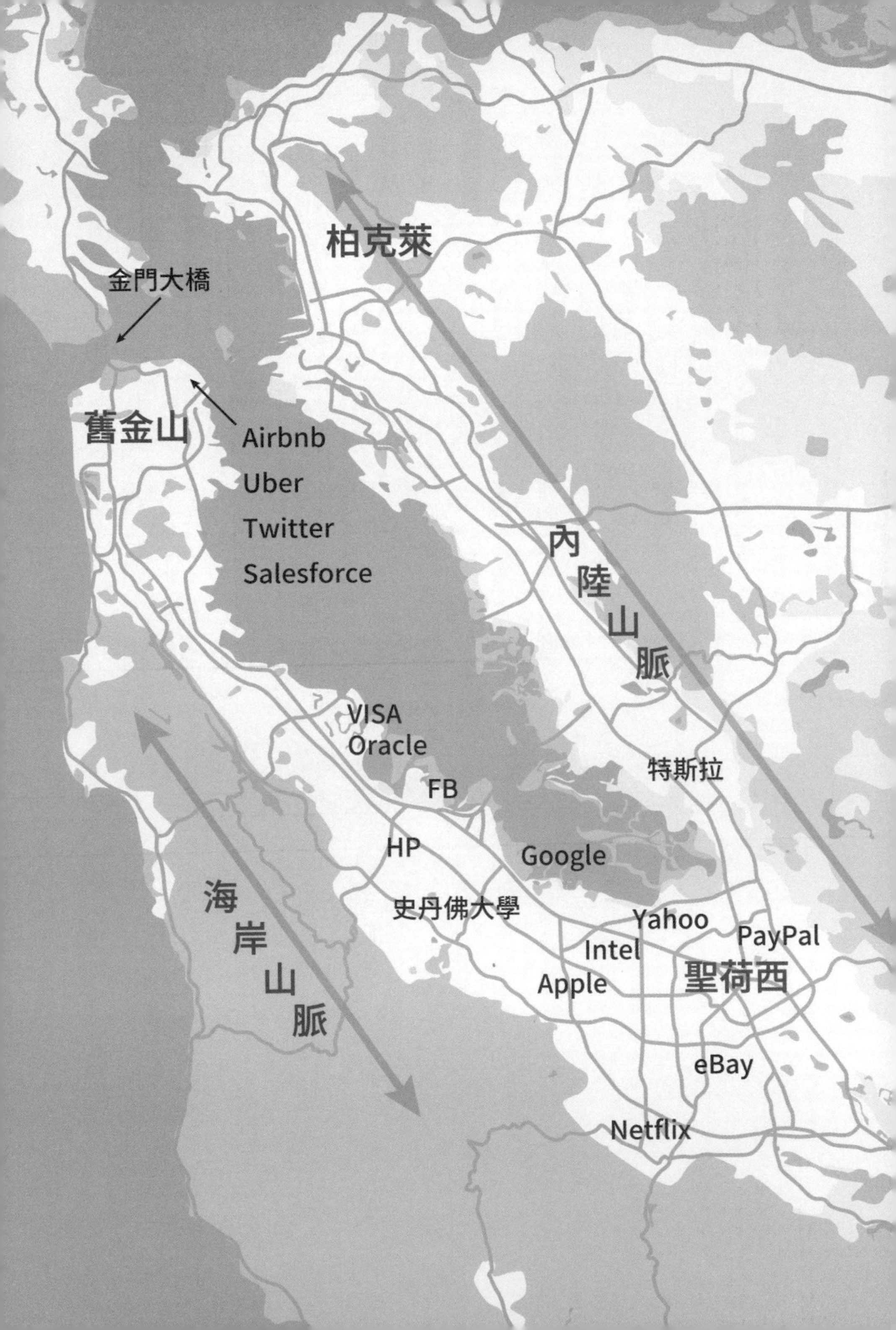
柏克萊
金門大橋
舊金山
Airbnb
Uber
Twitter
Salesforce
內陸山脈
VISA
Oracle
FB
特斯拉
HP
Google
海岸山脈
史丹佛大學
Yahoo
PayPal
Intel
聖荷西
Apple
eBay
Netflix

如果還嫌房價太貴，你得繼續往東逃出矽谷，搬到山的那一邊。山那一邊的房價又再便宜三成，只要有矽谷的收入，可以買一棟很新很大的好房子，有很好的學區，實現美國夢，也是過去十年矽谷高收入新移民的大本營，畢竟收入、房子、學區、居住環境，都照顧得到。至於通勤，很不幸，這裡仍舊只有一條高速公路翻山越嶺進入矽谷，中間還得翻過一個必定堵車的隘口。這條路在尖峰時刻就像是一百公里長的停車場，通勤時間大約是三到四小時。我那些不幸的超級通勤族同事們大多住這。這邊除了通勤，什麼都不錯。

不過，儘管房價比蛋黃區便宜了一半，山這一邊的房價仍舊是加州平均值的兩倍，一般藍領階級仍舊無法承受，只能繼續往東出逃，再翻過一座山，逃到山那一邊的那一邊，進入農業大平原，用手握方向盤的人生換取房價。

住在山那一邊的那一邊的通勤族有兩種。

一種是想住更大更好房子的科技業中人。好幾個專為此類族群打造的小鎮拔地而起，建商蓋了一望無際的新社區，只要蛋黃區三分之一價錢就能買到獨門獨院的全新大房子。但是除了逛超市、大賣場，住這裡就必須接受單調與無聊，以及每天四小時起跳的通勤。COVID-19 疫情期間矽谷全面在家工作，這裡出現中產豪宅區，出了門什麼都沒有，關了門卻是令人羨慕的美國夢，前提是得在家上班才能享受你的關門小天堂。居住品質看你自己如何界定；是關著門，還是出了門。

第二種是必須在矽谷工作，但收入低買不起房子的人。關了門的大房子和他還是無關，他們只能再往東逃到下一個農業城市史塔克頓（Stockton）——矽谷藍領族aka極限通勤族的大本營。通勤時間？那就看你距離最後那座山的隘口有多遠。這裡已經打破全美通勤紀錄，達到了四到六小時，距離矽谷的高收入已經是一百二十到一百六十公里之遙。

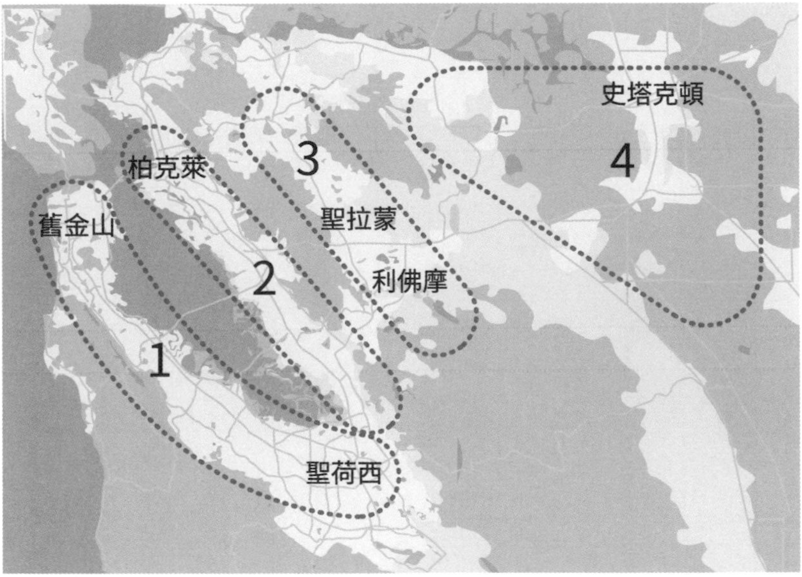

1是蛋黃區，2是蛋白區，3是「山的那一邊」，4是「山的那一邊的那一邊」aka農業平原。

《紐約時報》報導，一位住在史塔克頓擔任文職工作的女性，每天凌晨兩點十五分就得起床，為的是在七點前抵達遠在舊金山金融區的辦公室，通勤時間整整六小時。她的收入在舊金山只能租到一間房間，租不到一個家，只好退居一百二十公里以外的偏遠城市，把每天可用時間的四成捐給通勤。她每天回到家吃過晚飯馬上就得睡覺，迎接下一個兩點十五分起床的工作日。

周一到周五的車床族

如果做的是朝九晚五的工作，至少工作時間固定，一天忍受六小時通勤，晚上還可以回家睡覺。如果做的是工時長的服務業或排班的交通業，通勤時間很可能超過睡眠時間，矽谷也就出現了周一到周五的臨時車床族。

舊金山的 Uber 駕駛有二十%都因為來自外地而睡在車上。為了搶舊金山周一到周五尖峰時間的生意，他們周一早上三點就得起床，開三小時的車，於七點前趕到舊金山金融區。晚上尖峰八點才結束，如果趕回家睡覺，休息幾個鐘頭馬上又得起床，睡車上於是成了唯一選擇，好繼續下一個早起的日子。這些把七成生命消耗在車裡的人也有家和家人，卻遙不可及。這是矽谷藍領的無奈。

Google Bus 駕駛的工作時間是早上七點到晚上七點，單趟通勤時間三小時的話，每天清晨四點就得出門，晚上卻要十點以後才能回到家。睡眠時間僅僅四個半小時，通勤時間長達六小時。在三小時車程以外的地方租一棟每天只能待幾小時的房子，這似乎比無家可歸更荒唐。這些人都有家，卻被通勤逼成車床族。

周末限定的豪宅

上述都是中、低收入者不得已的選擇，如果把鏡頭轉向科技業高階主管，那又有不同的原因。若收入極高又不願意放棄人生就這麼一次住豪宅的機會，你大可選擇做周一到周五的旅館族，讓家人天天住豪宅，同時保有難以抗拒的高薪收入。

矽谷高收族可能都有一個共同遺憾：收入明明是全美頂尖的一%，為什麼居住環境不過爾爾？這等收入不是該住電影中的豪宅嗎？其實此番夢想並不難達成，端看你願意付出怎樣的通勤代價。

拿出矽谷蛋黃區的中間房價，你可以在三個半小時車程外的地方買到坐擁湖景的森林豪宅，那裡的高檔社區住著加州首府高官、律師和矽谷的高階主管。這是一種生活方式的選擇，因為若每日通勤，你為了這棟豪宅所付出的代價是每天在車上待滿七小時。

由於那幾乎是人生三分之一的時間，很少有人這麼做而不崩潰，因此唯一的選擇就是周一到周四在矽谷住廉價旅館或 Airbnb，以極簡式生活交換家人住世界級豪宅——自己下地獄，家人待天堂。一個禮拜有一半時間住在別人家的一個房間裡，我相信他們每一個都會問，周末豪宅的意義到底在哪裡。

開飛機上班的人

矽谷東邊靠近塞拉山脈（Sierra）有個叫做喀麥隆公園（Cameron Park）的小鎮，這裡有個特殊的社區住了一些矽谷一級主管和金融界高官，他們既想享受富豪級生活，又不願意放棄矽谷的收入，選擇開飛機上班。

這個社區很多人家裡有停放飛機的庫房，社區的街道很寬，交通號誌特別低，為的就是讓飛機可以從家裡直接滑行到附近的專用機場。從這裡飛到矽谷大約五十分鐘，所以說，他們的單趟通勤時間大約也是一個半小時。

另外，有些企業一級主管每天來回搭乘包機往返於矽谷和洛杉磯之間，通勤時間約莫單趟兩小時。這樣說來，金錢和權力能夠買到的通勤折扣並不高。

三選二的無奈

自己擁有飛機或長期坐飛機通勤，畢竟是極少數的人才能享有的特權，其他所有生命被通勤綁架的矽谷人都得面對同樣「三選二的無奈」。

矽谷的生活方式好比是一張有三隻腳的凳子，三隻腳分別代表「工作、房價、通勤」，只能選擇其中兩樣，第三樣由不了你。如果選擇工作和通勤，那就必須為房價付出極高的代價；如果選擇房價和通勤，就必須放棄高收入的夢；如果選擇工作和房價，那就得為通勤付出慘痛的代價。

新進入場的矽谷人似乎都選擇了工作和房價，在通勤方面任由擺布。原因不外乎工作和房價都是眼前的數字，很容易顯現出落差。如果在矽谷核心看到一棟售價一百萬美元卻不忍卒睹的破房子，同一天又在兩小時車程外看到同樣價錢的美麗宅邸，很少有人會為了通勤，有勇氣回頭買那棟近乎廢墟的破房子。視覺和感覺永遠戰勝一切。

想像一下，三棟房價相同的房子，第一棟又小又舊又破，學區也不好，每天通勤一小時；第二棟又新又大，學區又好，每天通勤三到四小時；第三棟是一生一次的夢想豪宅，每天六小時通勤，你會怎麼選？我相信無論選擇哪一樣都充滿了無奈，但這就是在矽谷買房面臨的抉擇。三選二的前提下，那個無法選的，就會是揮之不去的無奈，天天如影隨形。

在矽谷，只要房價繼續漲，只要工作機會繼續增加，通勤就會呈等比級數惡化。每次回到家，看著山腳下的高速公路像一條完全靜止不動的河流，我都慶幸自己每天只需要花一個半小時在這種無奈與焦慮中度過。如果把這種焦慮擴大三或四倍，我很難想像矽谷的高薪是不是仍有意義，我有沒有可能每天花四到六小時，握著方向盤虛耗人生？

矽谷的房價和通勤似乎雙雙在試探人類忍耐的底線。有人每星期四個晚上睡在駕駛座上；有人每晚花二十元買一個床位；有人一星期住四天旅館；有人過著通勤時間比睡眠時間還長的日子；有人每天凌晨兩點十五分起床花六個小時通勤……他們都有家、都有工作，卻必須努力在工作和生活之間，找尋兩端都能忍受的平衡點。

無論是用握方向盤虛耗生命來彌補經濟上的劣勢，或是成全偉大的美式豪宅夢，矽谷帶給人們的挑戰都一樣：逼你找到自己所能忍耐的極限。矽谷迫使人們更認清自己的價值觀。

覆水難收的遠端工作：矽谷通勤下一章

然而，COVID-19 疫情有可能改變一切。

二〇二〇年疫情來襲，矽谷必須全面淨空，在完全沒有準備，毫無測試也毫無討論空間的情況下，矽谷的辦公室一夜之間全部空了，而且一切仍需照常無縫運轉——這些，每一家公司都做到了。

矽谷從此展開了史無前例的全面遠端工作，至今已經整整二十四個月。這段期間，通勤完全不存在，只要不影響工作，居住大可海闊天空。很多想築美國夢的人退到車程兩小時或三小時之外的地方，買了一棟夢想中的好房子。但做此決定的前提是，疫情過後怎麼辦？答案是，如果公司規定要回去上班，五十%的人會辭職，矽谷最近掀起了一陣史無前例的員工抗拒潮。

長達二十四個月遠端工作的測試結果夠長、夠全面，也夠有說服力，每一家科技公司的股票和業績都翻倍成長，證實了遠端工作和產能無關，以致於每一家的員工都開始質疑，為什麼我不能用這樣漂亮的成績，換取在家工作的自由。

疫情來的那天，遠端工作一夜之間拋出，如今卻覆水難收。如果真是如此，未來通勤那隻腳會慢慢失去立足之地，房價也會慢慢平均向外平衡，而這一切竟得感謝病毒。

天下當然有白吃的午餐

談了些矽谷的日常aka光怪陸離，也該來談談那些令人髮指、全世界都拿著放大鏡看的矽谷式福利。

九〇年代的矽谷其實沒有這麼變態，工程師只要有自己獨立的小房間就算是沾沾自喜的小福利，那時科技公司的福利和一般公司並沒有不同。這傳統自Google二〇〇五年入場後完全被顛覆。現在的矽谷科技公司莫不爭先恐後處處給員工小驚喜，從洗衣、燒飯、理容、按摩，無微不至地提供照顧。重點就是要酷，要讓外人羨慕。

轉個彎就有小驚喜

過去我們有個群組專門通報園區哪個角落有趴或有吃有喝的。這種沒有原因、不必有理由，到處都可能擺攤的吃吃喝喝，儼然已是科技公司的風尚。小小的恩惠也許是品酒嘗起士，也許是吃生魚片、壽司或品味歐式甜點。不必站著聽訓，不必被迫鼓掌，沒有任何形式，不需要藉口，隨到隨吃，邊吃邊社交，吃完就走人，不需要虛情假意留下來客套。

有時候公司會抱出一堆可愛的小寵物讓員工撫摸舒壓，也許拐個彎就聽到現場音樂，可能是搖滾樂團，可能是爵士樂團，旁邊再隨意擺上啤酒和葡萄酒。工作不喝酒與酒後不開車這兩種忌諱科技公司統統看得很淡，我們公司就有員工酒吧，擺明了歡迎大家下班前喝兩杯再上路。啤酒加音樂加按摩，出了矽谷，這種待遇只有到日本當和牛才得以享受。

想想，轉個彎就可能碰上小驚喜，這是何等的期待？一不小心就碰上高雅的輕食，這種照片上了社交群組對公司的口碑又是何等正面的宣傳？再想想，免費的員工酒吧！下班前約兩個不是很喜歡的朋友向他們炫耀一下，一毛錢都不用花，還能讓他們暗暗羨慕，該是多酷的邀請？

當然，其他沒有列在聘書裡的重量級恩惠，包括有充電樁的電動車停車位，孕婦專用停車位，六個月全薪產假，連產爸也有三個月的支薪育嬰假，負擔繼續深造的全部學費，每做滿五年再加送一個月的額外假期，選個上班日用遊覽車把全公司送到四小時車程外的滑雪場度一天滑雪假，不會滑雪的就在度假中心吃吃喝喝虛度一整天……近幾年聖誕派對成為大力著墨的重點，把過去純樸的部門聚餐升等成企業級嘉年華，搭建驚世駭俗但隔天就拆的好萊塢式主題造景。每家科技公司都藉著那一夜互別苗頭，搶盡媒體版面，為的就是給足面子，以便員工在社群網站上炫耀。

當然，拋開眾多小驚喜和重量級恩惠，坊間談論最多的還是白吃的午餐和無上限休假日。

白吃的午餐

在矽谷，的確有白吃的午餐。

此一風氣起源於早期的新創公司，起初只是為了方便員工賣命不中斷，提供三明治之類的簡餐，不過任何事只要 Google 介入就會全面改寫歷史，他們雇用了五星級餐館廚師，為上萬名員工提供無法抗拒的三餐美食。

風氣很快就在矽谷像傳染病一樣擴散開來，於是，大多數一線科技公司都免費或廉價提供每星期換菜單的美食級餐點，甚至比菜色，意圖用美食做為薪資以外吸引人才的招牌。有些甚至歡迎晚餐打包帶回家照顧妻小，省了家裡開伙，因為不這麼做就搶不到一流大學畢業生。常春藤社會新鮮人在選擇實習公司前，往往先上網考察各家餐飲評比，宛如選餐館。他們把社會新鮮人照顧到家裡只需要一張床。

白吃的福利對員工的正面意義相當明顯，在此不多討論，我想討論的是它背後對公司的意義。

據統計，公司提供免費餐點之後，員工早上抵達時間平均提早二十分鐘，中午休息平均減少一個小時，晚上下班平均延後一個小時。這和餐點提供時間的布局與餐飲品質有很大關係。如果早餐開放時間是八點到九點半，大部分員工會在九點十分以前抵達，如果晚餐開放時間是六點半，大部分人至少會待到七點。如果沒有這一頭一尾的誘惑，員工平均待在公司的時間就是九點半到六點。

至於中午，在美國外出用餐非常耗時，餐館也不像台灣那麼普遍與方便，出門必須開車，到了餐館，從找車位、點餐、上菜到結帳都是漫長的等待。美國服務生靠小費賺錢，服務好就必須慢條斯理，那種虛情假意的關切足以掩飾食物的難吃，但客人就買這一套。如果改在公司用餐，平均每位員工可以節省一小時。

換言之，提供白吃的三餐，每個員工相當於每天無條件自願多做兩個小時工作，那麼剩下的就是單純的數學問題了。即使是五星級美食，每個員工每天的食物成本最多不過三十美元；工程師每小時平均薪水是一百二十美元。想得心眼小一點，到底是誰賺應該非常清楚。

無上限的休假日

這史無前例的荒唐好像是 Netflix 最先引進矽谷的，後來竟也放肆地流行起來，其他公司紛紛跟進，好像沒有這樣的福利就找不到頂尖人才。

一般科技公司一年假期平均是三到四個星期，休假日無上限的定義很簡單，既然是責任制，只要工作達成目標，一年要休幾天假都可以，沒有上限。也就是只要老闆認可，只要有本事，只要敢，你可以天天休假。

姑且不談臉皮厚薄對這個策略的影響如何，這背後的意義等於把對工作的責任和對人的信任發揮到了極致。此制度唯一的制衡就是「責任與信任」，也是矽谷最重要的價值觀，兩者必須共存。

另一方面，休假日無上限的重要背景不能不提，也就是矽谷這幾年需要的人力已從技術面轉到了創意面。以技術為基礎的責任制和以創意為基礎的責任制，在工時的管理上有很大的差別。對一個提供創意的人，工時和地點不需要這麼嚴謹。只要能夠達成目標，只要主管同意，一年要休幾天假都可以。

這個乍看起來不可思議的好康，其實同樣經過精打細算的風險評估。

從傳統的每年休假四星期改為無上限休假後，員工平均休假日反而減少了五天。原因是在舊制度下，每年四星期的假都是你的，不需要任何理由，大家一視同仁沒有競爭存在。在無上限休假制度下，如果團隊裡有個拚命三郎從不休假，就會滋養競爭，造成他人也不好意思休假。從前你可以休假在家發呆，完全不必愧疚，現在多少得想個好理由。這種制度之下，大家會不約而同比臉皮薄，華人當然吃大虧，歐洲那些以度假為立國精神的民族就賺很大。

在不影響工作進度下，無限請假依賴的完全是自由心證。在矽谷強大的責任制度中，工作永遠做不完。一般人為了維護公司對自己的信任，除非真的需要休息和放鬆，很少有人充分利用這一份虛有其表的福利。相形之下，舊制是不管是否影響工作，一年四星期的假都是你的而且必須用完；新制既然隨時能休假，每五年送一個月額外假期的福利也就順水推舟取消了。以前許多人都會利用這一個月的額外假期追求一生的夢想。美其名改成無上限休假之後，這一個月的名正言順也沒了。

最後也是最重要的差別是，若離職，原本沒用完的假可以折現，改成無上限休假制後，走的時候一毛錢也沒有。光是這方面的差距，平均每位離職員工的損失是兩千美元。

是的，這是一張高招的福利牌。公司得了便宜還賣乖，裡子面子都顧到了，員工吃了暗虧還感激得五體投地，在社群網站替公司免費宣揚。

福利只是長期投資

以數字來衡量矽谷式福利終究太市儈了，格局拉高一點，公司真正獲益的是員工之間溝通與凝聚力的改善，因為提供了便捷的用餐地點，員工很自然就會三五成群邀約一起用餐，然後順便討論公事，分享專業知識，無形中把用餐時間變成會議時間。統計數字顯示，工程師們在交流討論分享經驗之後，寫程式的效率平均提高三十二%。員工交流愈多愈廣，團隊的凝聚力與效率就愈強，離職率也愈低。

此外，公司若提供高檔免費餐點，員工心理上不會把這些好康轉換成現金價值，而是轉換為榮耀及對公司的忠誠。如果公司每天多付員工美金三十塊的現金福利，不會有人有任何感覺，可是每天提供高檔三餐，卻能給予強烈的窩心感。

矽谷簡單的人才投資邏輯是：要釣好魚就要用貴餌，否則只是賠了夫人又折兵。對公司來說，真正的最大利潤不是那兩個小時的工時，而是員工的向心力與對外的口碑，用美食來吸引人才是最廉價的投資。矽谷人提到 Google 往往會加一句，聽說他們三餐都可以帶朋友去分享。有朋友在那兒上班的多少也會想辦法攀點關係，去當一回觀光食客。Google 人每邀請朋友到公司吃一頓觀光飯，都是一次免費活廣告。

過去曾有某一知名科技公司的華人工程師向旅行團收取回扣，安排參觀公司園區順便吃觀光飯的新聞，這位濫用公司福利的員工後來當然被開除，卻也顯示了矽谷的免費午餐能夠變相成為觀光景點，背後的廣告效益自是不言而喻。

這些不只是福利，更是人力資源的長期投資。

曾和一位台灣工程師友人於午休時間通話，講到一半突然聽到背景有國小上課鈴聲。朋友急忙說午休結束了必須趕去打卡。朋友服務的公司不是學校也不是工廠，而是一家略有知名度的網路公司。細問後才知，工程師上下班與午休進出都要打卡。這是勞力與腦力不分，以工時制管理責任制。

也許朋友的公司只是個案，可是斤斤計較的企業換來的是斤斤計較的員工，做出成本斤斤計較的產品，賺取斤斤計較的利潤，陷入斤斤計較的數字競爭。管理階層所有的努力都用在數字的掌控，只因數字是眼前唯一丈量績效的媒介。一個午休晚了十分鐘回到座位的員工，在公司眼裡就是十分鐘的工資損失。為了扳回這一城，必須立即從薪水扣錢，以達成眼前的會計平衡。人才是投資不是會計，會計從不看明天。

矽谷公司願意這麼做並不是因為仁慈，而是看得更長遠；台灣那家公司不願這麼做，是因為講求立竿見影的回饋，不願意做長線投資。在一個急功好利的大環境下，看得長遠的人必然寂寞。

企業唯一的責任是獲利，矽谷的企業不是慈善事業，並沒有比其他企業更高尚，給員工好福利只是放長線釣大魚的長期投資。他們只不過是跳越眼前的數字，看到未來更高的回報；只不過是手段比較高明，占了你的便宜，還讓你感激涕零地替他宣傳。

只要更好，不要夠好：矽谷的「不易之財」

談完了矽谷的福利，自然得談談矽谷的高薪。

在美國有兩個數字永遠不能問，那就是薪水和年紀。在矽谷職場上，這兩個數字都與壓力成正比。要活得多快樂就看如何在薪水和壓力之間取得平衡。高齡和高薪的代價都很昂貴。保持邊老還邊拿高薪而不被淘汰，是矽谷工程師最不可告人的人生目標，但這個目標比當年進入科技職場還難，也同樣是沒人談的祕密。

福利擺在檯面上很容易攤開來比較，薪水卻只能用聽說的。一般談論矽谷高薪很少談到確切數字，因為每家都不同，每個職位也不同。同一個職位的高段與低段可能相差四十％，不同層級也有很大的重疊，低階的薪水可能比高階的還要高，入場時機不同，數字也不一樣。你的牌只有你自己知道。

如果以為在矽谷當工程師的價碼都差不多，那又大錯了。同一職等在不同公司可能差三成，加上股票，落差更離譜。扯上股票就是扯上賭局，很多瘋狂都會浮上檯面。不過暫時把這個留到後面再談。總之，工程師薪水差距非常大，這不只是個人隱私還涉及生命安全，如果攤在陽光下，有人會跳樓，而且此起彼落。

如果不想跳樓，那就跳槽，最好三年一跳，那是翻身最快的方法。不過順便提醒一下，每跳一次槽，積分就全部歸零，一切又重頭開始。換工作比再婚還累，婚後還得努力保持形象討好對方，那種日子也未必好過。

時運掌薪資

九〇年代後期網路工程師需求量爆增，大學剛畢業比有多年經驗的薪水還高。當你熱忱輔導一個想罵笨又罵不出口的新鮮人時，很可能不知道他的薪水比你還高；接著碰上網路泡沫化，四成工程師掉入海裡，即使還找得到工作，薪水也是先砍個兩成。那時候雇到的都是便宜又大碗的員工，雇主往往暗自偷笑。

不難想像以下情境：好不容易上了另一條船，發現上面的水手都是兩年前水漲船高進入職場，被你在心裡罵笨的新鮮人，薪水卻比你高個三成，只因為他入場時機完美船又沒沉。未來你只能在已經落後的起跑點隨著物價慢慢往上爬。一旦成為那個「便宜又大碗」的就很難再翻身，因為後面都照公式跑。

職場就像賭場，看時機、看手氣。這就是矽谷，唯一的正義就是時運。如果太在乎賭局，偷看了別人的一手好牌，即使忍著沒跳樓，活著的日子也會過得很窩囊。

矽谷的薪資完全看市場價值。這話乍聽相當公平，不過沒人告訴你，市場價值只是反映供需，不是能力，更無關正義。我們都只是人資的數字，而他們只想補貨交差，能賣多少就看行情。若追求「年資倫理」不妨加入軍隊，階級永遠跟著年資走，只要有心跳、會呼吸就算數。

薪水在進公司那天就定了江山，後面就是跟著公式上調。哪天熬夠了，當然可以提出升等加薪的要求，但也得面對老闆的反問：「五年來你的工作內容有改變嗎？你要如何帶給公司更高的價值？」如果沒有備妥好回答，如果編不出令他落淚的故事，別開口，以免自取其辱。升等不是待久了就有的。

另一方面，要是哪天老闆憐憫你，主動問要不要升等，不要急著感動，其中可能有詐。詐在哪，一二九頁的〈矽谷人不是人生勝利組〉會說。

矽谷有兩種不同的職場哲學，第一種是做個快樂的工程師，矽谷不會虧待你；第二種是不停追求高薪，只要你敢要，矽谷絕對付得起。如果不停地追又追得到，人老珠黃那天，薪資可能比快樂工程師多了一倍，不過別忘了，這是用畢生壓力換銀行數字。這番交換值不值得，答案只有對自己最誠實的你才知道。

所以，要高薪就不停地跳槽，做個忠實的跳槽族；要瘋狂的高薪，就跳瘋狂的槽。不過小心點，天下沒有白高的薪水。

Netflix：薪水天高，壓力山大

Netflix 這家公司好幾次都讓我下巴微微張開。身邊有六、七位同事跳槽過去，資深工程師的薪資平均比市場高六成，網路上還看到有人年薪五十萬美元以上，比美國總統還高。讀到這裡，能不下巴微張嗎？

請先不要羨慕，這要看你如何定位職場人生，或許你的羨慕會改成同情也說不定。

那些了解內情的人，即使加薪一倍都不敢貿然進入 Netflix。Netflix 只要成功的人，

而且要年復一年永遠不停成功的人。他們的雇人哲學是：一個A咖比兩個B咖便宜，所以只要A咖中的A咖，挑明了把一人當兩人用，到頭來還是公司賺。有這等容量就歡迎。

高報酬的背後自然是高壓。你在 Netflix 所能達到的最高報酬，就是所能忍受高壓的極限。你能忍多少，他們就能給多高。他們培養出特殊的傭兵文化，不要忠誠，只要能夠作戰的英雄。加入團隊就是為了高報酬，不需要肉麻的假話襯托，也許半路就戰死沙場，也許打完仗就拿錢走人，不必有任何情感。

我認識的人很少熬過三年。矽谷很多企業保持每年固定淘汰一定比例——當然不會白紙黑字寫出來。這就像熬排骨湯，若不停地把上面的浮沫撈掉，最後湯頭必然香醇又濃郁，能熬多久就能賺多久。

Netflix 在強悍的工作文化中推出了驚世駭俗的家訓，其中最有名就是「我們不是一家人」（We Are Not Family）。

我待過百來人的新創公司，也待過十萬人的帝國，每一家公司都把自己塑造成一個大家庭，把員工當作家人看待——至少口頭如此，至少賺錢時如此。Netflix 卻直白拋出千百年來企業從不敢道出的真話。

CEO海斯汀說，家人有無限的愛與包容，家人必須一再容忍錯誤與失敗。Netflix

不會把你當家人，這裡的團隊只有一個任務，那就是把每個人都推往不可能的極限，大家應該心知肚明隨時可能滾蛋。Netflix 不要包容，只要成功。

他對新進員工的期望大致歸納如下：

1. 我們沒有花壽司或濃縮咖啡。你是來作戰，不是來開趴。
2. 我們不看工作多努力、工時多長，我們只看戰果。
3. 我們只要A咖，給的也是A咖的回報。
4. 如果你是B咖，即使是A咖的努力，我們還是會請你離開。
5. 我們不要忠誠，只要成功。
6. 如果只想找一份安穩的工作，請你現在就離開。
7. 我們要的是自發自律的戰將。我們不教你怎麼作戰，也沒時間教你學習生存。

矽谷沒有公司敢標榜英雄主義，即使心裡這麼想，嘴巴也不敢說，但 Netflix 表明了只要超級英雄。

在公司文化方面，他同樣直白公布了令全世界跌破眼鏡的規章：

1. 公司沒有流程和法則。我們拋棄所有繁文縟節。
2. 繁文縟節只適合管理笨蛋用。

3. 你必須無時無刻不停地工作，不是周一到周五，也不是朝九晚五。
4. 我們不追蹤工時，只在乎結果。
5. 休假沒有上限，穿著沒有下限——只要不是全裸就可以。
6. 出差、餐飲及公務報銷不需要收據，要報多少自行決定。
7. 我們給你全部的自由，但你也必須扛起全部的責任。
8. 我們付你無與倫比的報酬，不管盈虧都一樣。
9. 如果你打算留下來，那只是為了成就和金錢，不需要為其他任何理由。
10. 我們只告訴你目標，不會告訴你如何達成。
11. 我們只要超級英雄。

二〇一七年，Netflix 訂閱人數突破一億關口，海斯汀加碼更新守則，繼「我們不是一家人」後推出新標語「別跟我稱兄道弟」（We Don't Want Any Bro's），再次讓矽谷為之久久震盪。新家訓的重點可歸納如下：

1. 別跟我稱兄道弟。
2. 這裡不是「矽谷樂園」，也不是讓你來試水溫的。
3. 我們仍舊只要超級英雄。

4. 這家公司的確有點怪異，但你得學會適應。

Netflix這間以郵遞DVD起家的網路公司一路以小搏大，對抗好萊塢在內的超級巨人群，殺出了一條血路。這背後的成功只有一個通則：對外這麼強悍的公司，對內當然也不可能仁慈，否則根本無法生存。天下不會有外剛內柔的企業文化。要瘋狂地成功，就必須雇用瘋狂的員工，付瘋狂的薪水，給他們瘋狂的壓力。

亞馬遜：另一個不省油的燈

另一間以強悍無情而成功的企業是亞馬遜。

亞馬遜的薪水比較正常，卻以工作壓力出名。亞馬遜出貨中心的不人道作風，從追蹤員工一天上幾次廁所，每次上多久來決定考績；曾經申請把人關在鐵籠裡與機器合而為一的專利；為了降低成本，攝氏四十度炎夏寧可雇用救護車在場外待命，也不願意安裝冷氣……這些都在媒體上出現過，但這裡要談的不是出貨中心的藍領勞工，而是總部的白領高薪員工。

《紐約時報》曾經刊載一篇〈真實的亞馬遜：在傷痕累累中打造企業夢想〉，雖是多年前的文章，但我不知道今天改變了多少，因為那是由領導風格製造出來的文化。看看亞馬遜今天的成功，其文化可能改善但很難改變。這是成功必要的代價。

亞馬遜前CEO貝佐斯和Netflix海斯汀的領導風格非常類似，說話也同樣直白。貝佐斯認為，「職場和諧」全是虛假，只會滋養客套扼殺創意。他拋棄職場和諧，把員工推向競爭。亞馬遜鼓勵大家在會議室大膽挑戰別人、拆別人的台；碰到無法通過的障礙，唯一的答案就是爬過去；對同儕有任何不滿，隨時可以向對方的主管匿名檢舉。這種制度可以滅絕混蛋，也可能陷害忠良，但對不計代價只要成功的企業來說，犧牲一點正義也許值得。

在亞馬遜，哪怕是沒有即時回覆過了午夜的電子郵件，經理簡訊隨後就會跟上，質問為什麼不回覆。《紐約時報》的受訪者說他共事過的每一位同事幾乎都趴在桌上哭過，也經常看到員工被羞辱後，撫著哭喪的臉從會議室走出來。

此外，臉書同樣以高薪和高壓出了名，同樣標榜競爭而非合作。臉書內部民調顯示，七十三％員工認為工作壓力太大，很多人每天必須工作十二小時才追得上進度。矽谷的腳步就是這麼快，追不上就可能被淘汰。

疫情下的薪資瘋狂

最後談談 COVID-19 疫情帶來的薪資瘋狂。

每家科技公司的薪資結構不盡相同，Netflix 最直白，只給錢不給股票，很容易比高下，畢竟要人賣命就不應該打迷糊仗，用股票做牌美化薪資。其他檯面上的公司多半是底薪和股票混合制，假設整體報酬是每年美金三十萬，薪水可能只有十五萬，另外十五萬給股票，各家比例不同。如果股票跌了，薪資就不到三十萬。

這沒什麼好怨的，錢少了不是公司虧待你，是自己手氣不好；反過來說，COVID-19 疫情期間如此瘋狂，科技股幾乎翻倍，三十萬年薪可能搖身變成四十五萬，每家都成為另一個 Netflix。員工領著荒唐的高薪，公司並沒有多付一毛薪水，大家都沾了明天就可能崩盤的股市之光。

最近才在網路上看到，有人二十九歲就領著五十五萬年薪，他的成就靠的不是能力，而是搭了股市順風車。如果這位年輕人開始過著年薪五十五萬的生活，也繳著五十五萬的所得稅，股票大跌時要如何回頭過正常日子？

網路泡沫化那年，我們都看過街上停著付不出車貸、貼著「廉價急售」，車身沾了一層灰但近乎全新的BMW，也見過數千人排隊面試搶五十個職缺，祈求那份減了二十%的薪水。那同樣是矽谷。

一旦嘗過五十五萬的滋味，就很難再回到三十萬的喜悅。三十萬已經是令全世界羨慕的收入，現在卻憎惡它、擔心再回頭擁有它。財富是單行道，走過很難再回頭。五十五萬只是把標準推到難以再快樂的境界，也是荒謬的高薪帶來的另類壓力。

矽谷式壓力：只要更好，不要夠好

科技公司很少有靠厚道持家的，要生存就不能仁慈。要追求高薪，就不能不要壓力。企業只看結果，不看過程。盡了力的失敗仍舊是失敗。「好」沒有止境，一旦達到好，甚至為這份好拿了獎金，當天晚上那筆帳就結了，明天又是從零開始。今天的好，到明天就成為過去，好從不留夜。公司對你的期望是下一個「更好」——期望倒是累進的，從不歸零，就像滾雪球。矽谷只看未來，不看今天，這叫壓力。

職場壓力的來源非常豐富，除了永遠要更好，更大的壓力來自同儕的競爭與鬥爭。

矽谷職場有豐富的蛋白質——太平盛世時有笨蛋，亂世時混蛋同樣應運而生——有些是笨蛋改行做混蛋，也有新長出來的。你可以不鬥爭，但逃不掉被鬥爭。在矽谷求生存必須學會和笨蛋與混蛋周旋，這些蛋白質都是額外的壓力。高層只看成果不問原因，失敗沒有辯護的空間。當大家都要鞏固他自己那份高薪時，戰場上就不會有仁義道德。

如果我為一個失敗的案子提出的解釋是出於無法掌控的因素，老闆只會回：「不要為昨天辯護，告訴我明天你能給我什麼。」老闆不是法官不在乎公義；他只要自保不能被你的失敗拖下水。這是兩個人之間的對話，是一個矽谷團隊的對話，也是整個矽谷的對話。

每個團隊都是環環相扣的生態鏈，必須大家都成功才能成功。盡了力的失敗、被混蛋拖垮的失敗，都叫做失敗，沒人有時間在乎背後的原因。失敗可能換來失業——失敗的定義是屢次未能達到預期目標。我們每個人都有一堆評鑑跟著走，每季更新，標準愈來愈高，個人如此，團隊如此，企業也如此。整個矽谷都不停追求那個「更好」，從不停下來喘氣。累了，就請下車。矽谷不是明天會更好，而是明天「一定要」更好。

「矽谷的成功是用人才和血汗堆出來的。」有人這樣說。

二〇二二年開春股市大跌後，短短幾個月內，PayPal 股票跌了六成，臉書跌了四成，印證了薪水完全看入場時機，有人賺翻有人大虧。矽谷的高薪壓在賭桌上，不能全用來追美國夢，而是被迫用過日子的錢下賭注。

如果是投資，股票要賣了、賺到手了才需繳稅；可是做為薪水，拿到股票那一刻，國稅局那一杯羹就已經先分了。先漲後跌等於是在高價時先預繳所得稅。抱歉，這個錢國稅局不會退，只能在虧本脫手之後抵未來投資賺的錢。碰上股票大跌，員工等於是來回挨了兩巴掌：第一個巴掌是收入變少，第二個巴掌是過去那些多繳也許拿不回來的所得稅。這種勝利組，往往也是勝利得心驚膽跳。

無論你是用壓力換數字，或死心塌地做個快樂的工程師，薪資只是高與更高的差別。沒事不要偷看別人手上的牌，免得失控跳樓。重要的是，大家只不過是同一班飛機上不同艙等的座位，旅程一樣，目的地也一樣，下飛機時是輕鬆愉快或疲憊不堪，全看你選擇如何走完這段旅程。

多賺的錢是股市的，剩下的日子才是你的。

沒有地址的戰敗者

矽谷的成功不須討論，可能連在菜市場偷聽人們談話的台灣土狗都略知一二，但矽谷最大的失敗卻沒人談，也就是遊民，那些住在矽谷卻沒有地址的人，他們是被除籍的矽谷人。

傳統睡馬路的職業遊民全世界大都市都有，入夜之後在舊金山金融區走一圈，你將了解他們在住宿方面發揮的創意。條件好的睡帳篷，差一點的用木板靠牆搭出可容身的空間，再差一點的睡紙箱，一無所有的就裹睡袋睡露天，連睡袋都沒有的，穿上全身家當再蓋上硬紙板。美國沒有騎樓，任何可能擋風雨的黃金地段，比方公園的大樹下或建築物凹處，都有可能躺著人。

上述硬蕊職業遊民很多是喝酒、嗑藥或心智有問題，矽谷獨特的異類遊民則是因為失業或低收入而淪為無家可歸，有些甚至帶著孩子。他們睡帳篷、睡汽車、到朋友家打地鋪，或在別人家後院搭帳篷。矽谷有三萬人屬於這種廣義的無家可歸族。

Hotel 22

對於失業遊民來說，如果花得起幾塊錢，將在矽谷找到全世界最有創意的過夜方式——Hotel 22。

只有極少矽谷人知道這間旅館，知道它存在的人都有特殊而沉重的原因。一旦夜幕低垂，Hotel 22 的黑暗面也跟著漸漸升起。第二天清晨當第一道陽光灑進谷裡時，Hotel 22 就會隨之消失，代之而起的是第二天的上班族。他們當中很少有人知道前一天晚上在同一個空間裡發生過的事。

Hotel 22 並不是旅館，而是一條公車路線，也是矽谷路線最長、唯一二十四小時營運的公車。二十二號公車全程六十公里，從起站到終站約兩小時，單程票美金兩塊半。只要有十塊錢，你可以一整夜來回坐四趟一共八小時的巴士，把這裡當成全世界最廉價的旅館。

搭有暖氣的巴士能夠避風避雨，同時睡兩個小時支離破碎的覺，是遊民界的五星級旅館，「Hotel 22」這圈內渾稱就是如此而來。這個祕密一直沒有傳開，直到二〇一五年《紐約時報》率先披露了這個與矽谷人平行共存卻無人知曉的黑暗世界。

Hotel 22 的住客不同於傳統的街頭流浪漢，他們淪落街頭，只是因為不幸在矽谷的殘酷職場上戰敗。

曾幾何時，矽谷的街頭遊民已經不再限於吸毒嗑藥和精神不正常的人，今天在矽谷有工作早已無法擔保能有棲身之地，如果拿的只是最低工資，距離夜宿街頭也不過是一張支票而已。

這些遊民有可能是失業的知名科技公司廚師，受傷無法工作的婦人，或是帶著小孩從外州搬來打零工的單親爸爸。他們在公車上以兩小時為單位，買一夜可以坐著睡覺的地方。

每一趟到了終點站，司機會打開燈清場，把他們全部叫醒趕下車，有時候甚至需要借助警力強力執行。下了車後，他們睡眼惺忪地在黑夜中等候搭下一班回程巴士，展開下一趟坐著睡覺的旅程。有人這樣日復一日過了一年多。

《Business Insider》報導的那位失業廚師身上隨時準備了一條繩子，他打算實在熬不下去時用。巴士上的每一位乘客都有個辛酸故事，只是世界上很少有人有興趣聽，每次天一亮，故事和主角都同時消逝在矽谷街頭。故事一直擺在那兒。

二〇一五年一位華裔女導演把 Hotel 22 的故事拍成了短片，入圍日舞影展最佳紀錄片提名，這一段黑暗才真正揭諸於世。

上下班我經常看到二十二號公車，每一次都會想到晚上矽谷沉沉睡去時它悄悄背負的任務。Hotel 22 承載的是矽谷沉默的戰敗者，其世界和蘋果、Google、臉書所領軍的勝利者世界位於同一空間，卻完全沒有交集，而是以上下班的方式，日復一日、年復一年，不為人知地交錯著。

一個矽谷裡的兩個不同的世界，它只不過是戰敗者的那一個。

矽谷的車床族

矽谷還有很多因為付不起房租而睡在車上的人，他們這麼做只是為了能夠暫時生存下去。在淪為無家可歸之前，唯一的選項就是當車床族，那是夜宿街頭前的最後選擇。

車床族有睡一般家用車的，也有睡露營車的。

家用車族睡車上只是打尖過夜，把汽車當帳篷，成員多半是來自外地的遊牧式臨時工或失業者，近幾年甚至開始有大學生加入。媒體估計，柏克萊大學和舊金山州大約有十一%學生晚上睡在車上，聖荷西州大甚至有無家可歸學生聯盟，可見已非極少數特例。很多善心大賣場打烊後會開放停車場和洗手間讓他們過夜，也有教堂開放盥洗、淋浴。對那些過一天算一天的人，這是最廉價的選擇。舊金山附近也有幾個只有圈內人才知道，能買咖啡、吃早餐和盥洗淋浴的地方。

至於長期的露營車車床族，兩三天以露營車為家是浪漫，連續兩三年沒水沒電沒廁所則是殘酷的生存考驗，不到窮途末路的人不會選擇這條路。

美國二手露營車市場很大，便宜的美金幾千塊就能入手。對於付不出房租的人，長期住在露營車裡不失為一種另類生存方式。不過露營車車體龐大，又需要接水電與汙水排放，物色能夠長期停泊的地方非常困難，也讓少數幾條沒有限時停車的道路停滿了一整排露營車，蔚為矽谷奇觀。

最著名的就是帕羅奧圖市（Palo Alto）靠近史丹佛大學、一條主要幹道兩邊不限時停車的路段，行駛其間，往往讓人誤以為置身假日的國家公園。

全盛時期，這一路停泊的露營車車龍長達兩公里。在附近居民抱怨下，停車規定改為不得超過三天，於是他們開始流竄，矽谷任何沒有停車限制的地方都可能看到類似的露營車隊。住在露營車的人很多都有工作，有些帶著還在念書的孩子，有些甚至受過很好的教育，卻因為收入太低，在矽谷無法過有屋簷的日子。以車為家不是出於遨遊四海的豪情壯志，而是生存的最後選擇。

這些人，每一個都有一個不幸的故事與不得已的苦衷。電視上，記者訪問一位長期睡在車裡的清秀年輕女遊民——如果在街上看到她，你不會知道她是遊民。因為失業，她在腿都無法伸直的轎車後座睡了一年多。記者最後問：「你對人生的展望是什麼？」她說：「希望每天都能夠醒過來。」記者追問原因，她回答：「因為上帝又准許我多活了一天。」那張臉、那句話、那個畫面，在我腦海裡徘徊了好幾年。

她也是矽谷人。

高速公路邊的帳篷族

除了文章開頭提及的舊金山金融區，矽谷的帳篷族大多分散在聖荷西和奧克蘭，生存方式各有巧妙不同。如果有心想見證美國的第三世界，只要走到廢棄的鐵道邊或高速公路的高架橋下，其實不難看到那些聚集成部落的新社區。聖荷西曾經出現一個全美最大的都市叢林 The Jungle，二〇一四年南韓甚至派了一支採訪小組深入報導這個鮮為人知的矽谷異類社區。

此地聚集了四百多人，在兩條高速公路交叉的高架橋下畫地為營，形成化外之邦。這裡沒有法律，只有原始部落的弱肉強食。若要保護資產，必須倚靠拳頭和木棍。部落裡有人公然搶劫放火，婦女在這裡毫無安全可言。有位婦女的營帳半夜被人入侵，奮力抵抗過後，她仍被歹徒割喉而死，警察從未介入調查。二〇一四年，部落裡一共死了三個人，全都不了了之。這個少有人知的叢林部落與矽谷科技企業共存了整整三年，後來因為媒體曝光樹大招風，終於在二〇一四年被鐵腕一次剷除。

可是問題並沒有解決。

高速公路交流道旁邊的樹叢漸漸出現了帳篷。但住在交流道的日子不可能長久，他們距離住家太近又製造了大量垃圾，每次看著路邊那堆日益茁壯的垃圾和上面繚繞的蒼蠅，我都必須努力提醒自己這裡不是孟加拉。市政府和高速公路局聯手出擊，把住在交流道邊的帳篷剷除了。又一次。

於是，帳篷族搬上了高速公路，在路肩和隔音牆之間搭建起另類社區。這是高招，因為要驅離就得封閉高速公路外線車道，以至於讓社區快速成長，每天通勤都會看到高速公路兩側足以比美巴西貧民窟的第三世界。直到某一天，遊民穿越高速公路被汽車撞死，另類社區才被剷除。再一次。

故事不可能就這樣結束，帳篷族繼續化整為零，流竄到其他沒有人跡的角落。公司後面有一條鮮有人知的小溪，四周都是密林，溪邊很快地陸續出現帳篷族。把家搬到這裡相當高明，因為這裡只有溪水潺潺，方圓幾百公尺之內都沒有人家，更不會有警察。知道這個祕密的人不多。我是其中之一。這個祕密就這樣一直保持了四個多月，直到那年冬天碰上幾場暴雨，上游水壩必須洩洪。

雨過天青的那天午餐過後，我帶了幾個好奇的同事捧著熱拿鐵前往後面的小溪邊觀洪。說是觀洪，其實我想順便看看那些帳篷——當然，沒有其他人料到那裡會有帳篷。泥巴路才走了一半，我已看到滾滾洪流，那些營地早被掩蓋在洪水之下，只剩樹上扯爛的帳篷。同事好奇為什麼會有這麼多帳篷掛在樹上，我懶得回答，這個故事實在太長了，一般人也不會有興趣。

矽谷叢林因為媒體曝光，給拆了；交流道上的帳篷因為離住家太近製造髒亂，給剷了；搬上高速公路的帳篷因為出了意外，給清了；一小撮人找到了祕密小溪，平安住了幾個月，卻給大自然滅了。這應該是晚間新聞的好題材，但是沒人報導。原因是他們從出現一直到消失都沒人知道，不論是媒體或警察統統不知道。這些帳篷就這麼悄悄地來，又悄悄地消失。也許如今再回去，樹梢上還看得到些許撕裂帳篷的蛛絲馬跡。那曾是他們的家當。

矽谷有太多人睡汽車、睡帳篷，過著沒有地址的日子，一場暴雨就能讓他們的財產全部歸零。很多人只是失業淪為無家可歸，或甚至有工作但住不起房子。媒體報導過，有一群墨西哥非法移民長期住在帳篷裡，盡量省錢，把打工賺的錢寄回老家。如此認真想活下去的人，不應該受到這樣的懲罰。

矽谷有太多沒有地址的人，卻太少人知道這些事。

矽谷人不是人生勝利組

矽谷的無所不包容單指文化，沒人有興趣包容你的市場價值，跟不上的就淘汰。矽谷文化大方犒賞，也大膽淘汰。每一個成功之後，緊接而來的就是面對淘汰。

矽谷每一個被認定為「人生勝利組」的人，也許都歷經過以下勝利三階段：拿到高薪工作，拿到綠卡，買下人生第一棟房子。如果是童話故事，一切美好就此結束，大家從此過著快樂的日子。大部分矽谷故事很少提到後半段，大家都在故事最高潮就急著拔掉插頭，但矽谷每一個成功都只是下一個挑戰的開始。找到好工作和丟掉好工作各在天平兩端，兩者合起來才是完整的生態鏈。世人的目光卻只談生，不談死，都想強迫故事圓滿結束，所以才出現了人生勝利組這美麗的名詞。

我問過的每一位來自台灣的工程師，沒有人認為自己是人生勝利組，這不是謙虛，而是深切了解矽谷的職場生態。

矽谷人在歡欣鼓舞找到夢想中的好工作又買了新房子後，立即面對的就是維持市場價值，不能失去工作，而那是一個漫長的承諾與壓力。每一位工程師終其一生都在不被淘汰的夾縫中求生存。科技翻得愈快，人也淘汰得愈快。一個人的市場價值永遠被新科技牽著鼻子走，距離漸行漸遠時，價值也就節節落後。有價值的時候，公司拚命砸錢留住你，多少都願意付；沒有價值的時候，你就成為會計簿上一筆可以節省的開銷，一天都不多留。全世界的科技人都想往這兒擠，矽谷永遠不缺貨。

淘汰是矽谷的一部分

淘汰是矽谷生態的一部分，如果拿的是工作簽證，一旦失去工作，六十天之內必須找到願意贊助的新雇主，否則做一半的美國夢將立即消逝。工作簽證只不過是一張必須努力工作的契約，在等待綠卡漫長的歲月裡，那張薄得不能再薄的紙絕對不能破。「漫長的歲月」要看你來自哪裡，如果是印度，我知道有人等了十年。

矽谷砍人不手軟，連續拿到「有待加強」的考評就可能被革職。主管雇人時不在乎你的身分，考評時同樣也不在乎——哪怕你下個月就可能等到綠卡。那從來都不是考量。二〇一九年一位工作壓力過大，考績又連續不佳，擔心被革職的中國工程師在臉書總部跳樓自殺，據說當時他持工作簽證已經六年了，一旦失去工作，在美國的一切就可能結束。臉書的待遇在矽谷是出了名高，以台灣的標準，他應該是百分之百的人生勝利組。

矽谷淘汰人的方式很多。

第一種是革職，一般俗稱被 fire 掉。革職的人沒有資遣費，犯了大錯或連續考績不佳就可能構成理由。帶著前科找新工作很困難，就算有人願意雇，也沒有討價的餘地。

第二種是用來對付資深工程師的，那就是不給案件，讓你無趣自行離職；如果是經理級，就把團隊架空，或更殘忍一點，讓下面的人升級做你老闆，用羞辱逼你走，省錢又有效。自己摸摸鼻子滾了對公司最安全，一來他不能告你，二來公司一毛錢都不用付。

第三種是升等。前文提過，哪天老闆好心主動要幫你升等加薪，務必考慮清楚，因為很可能是陷阱。如果回絕，你已經提供了將來被革職的理由，因為你安於現狀不敢追求挑戰；如果接受，天下沒有白升的官，隨之而來就是排山倒海超越能力的新期望。要是未來失敗了，結論又繞回上面，請準備搭乘下一班淘汰列車；要是被逼成功了，非常好，公司並沒有損失。換言之，即使死心塌地做個快樂的工程師，是否真能長久快樂很可能也由不了你。

最後一個最受歡迎的方式是裁員。裁員的定義是不再需要這個職位，除去的是職位，和人無關。法律對裁員有限制，既然不需要這個職位，六個月之內就不能補同一職缺，不過這方面要做手腳並不難。一個資深工程師被裁了，公司可以補個低一職等的工作，或換個職稱再找新人。若想大筆降低人事費用，很可能每幾年就來個清倉大掃除。有時候整個部門全部砍，數百人瞬間失業。

矽谷式裁員

過去十年我經歷過三次千人以上的大裁員，碰上不景氣，家家統統大清倉，市場上很快就A咖履歷滿天飛，大家比便宜又大碗。這種場面在矽谷待久的可能都經歷過。即使你一直努力保持自己的價值，市場不爭氣或上面的人被混蛋鬥輸了，都可能搞砸一切毀了你的美國夢。命運，未必在自己手裡。

三十年來，我至少看過二十次大大小小的裁員，自己也親身經歷過，辦公室前後左右的人也大多被裁過。裁員受傷最深的不是失去工作，而是那種被欺騙的感覺。也許前一天老闆還和你勾肩搭背，誇獎你的表現有多優異。第二天就被叫到小房間，要你留下筆電和識別證，在合約上簽字，用遣散費收買你控告公司的權利。

小房間就像臨時法庭，裡面除了主管還有人資代表。面對立即的生存壓力，那張紙我還沒聽過有人不簽的。如果給得少，那也順便暗示了你就只值這價錢。失去工作失去的不只是收入，最糟的是失去健保。如果全家就靠這一份保險，自費購買的代價是每個月美金兩千多塊。飯可以省著吃，錢可以省著用，但總不忍看著家人不能生病。

印象最深刻的一次，部門六十幾個人統統放下手邊工作，被叫到大型會議室集合。主管開頭第一句話就是：「今天這房間裡有六十%的人將失去工作，叫到名字的可以回座繼續工作。」這份宣告反映了矽谷從不浪費時間客套的冷酷。

當時已進入網路泡沫化，失去工作就是美國夢的結束，還沒拿到綠卡的也許要被迫離境。名字一個一個念出來的時候，我看著每一張焦慮的臉孔，聽著除了宣布名字之外的一片死寂——六十多人擠在一起，竟然連呼吸聲都聽不到。

然後我聽到我的名字。當著這麼多的不幸我撿了幸運，卻覺得有點罪惡。回到座位上，我漫無目的胡亂工作著，也開始恐懼未來。這只是個開始。少了那份薪水，背著那麼沉重的房貸和生活費，我能熬多久？

下一個畫面我永遠記得，鄰座前一晚才工作到凌晨的印度同事哭著從會議室走出來，拿了背包就走人，我們連道別的機會都沒有。我從來沒看過一個大男人在職場上哭泣，但我知道他哭是因為被欺騙，而不是丟工作。

那次只是第一波，到了第三波，我也被裁了。這就是矽谷，這就是人生勝利組。

分手時，我們竟然都像罪犯

以前都是桌上型電腦，出了小房間，旁邊可能還跟著警衛，監視你打包，手不可以再碰鍵盤，最後再護送你走出那道再也進不來的門。有些人還沒回到座位之前，帳號就已經凍結了。那時候你才發現，原來過去多年人與人之間的互信，竟然可以那麼輕易就一筆勾銷。捧著紙箱走出那道要刷識別證才進得來的門時，你將了解自己已經完全沒有市場價值，丟的不是工作，而是尊嚴。

矽谷的文化就是這樣。需要你和不需要你之間，只是一天之隔；誇獎你和把你當賊防之間，只隔著一道門。與其說這是公事公辦的專業，不如說是殺雞儆猴的手段。當一個人紅著眼眶從小房間走出來的時候，公司也順便告訴所有人，你們都可能是下一個，提醒你天下沒有白拿的高薪。一旦沒有市場價值，就可能得像罪犯般離開。

在這種職場文化混久了，你會把高薪和獎勵看得很淡。如果他們真心看重你，那是因為你還有市場價值；如果他們是客套，你也不必一頭熱地回報，一切不過都是逢場戲。這個臉，有可能明天就翻。

不過，矽谷的坦率卻也可能在最黑暗的時刻帶來令人感動的真。

史上最感人的革職信

COVID-19 疫情初期，矽谷首當其衝的企業紛紛開始大裁員，包括 Airbnb、Uber、Lyft、Yelp，短短兩個月，光是舊金山的科技公司就砍了一萬多人。然而，Airbnb 近兩千人的裁員卻讓我們學到了一門不一樣的功課——鐵面無私、公事公辦的背後，是不是也可以多點人性？革職是不是也能是一場感恩的道別？

Airbnb 總裁 Brian Chesky 在親筆寫給公司被裁員工的信中，說了一些矽谷CEO從不會說的話。這封看完會讓人動容落淚的信與其說是革職信，不如說是一封感謝的道別信。

坊間有人批評這封革職信不過是一招公關手腕，我倒覺得不必這麼小心眼，因為看完信的確會感動，我們不能對一個讓你感動的人說那是做戲。我寧可被一封虛假的公關信欺騙，也不願冒險糟蹋這麼一份真誠。

這封信以直接和坦白開場，先述說疫情爆發後他一路走來的心路歷程，以及自己如何企圖挽救公司的經過。他述說著內心的故事，而不是發布新聞稿。

面對這樣的危機，他說絕對的坦白是唯一選擇，完全公開化了裁員的原因與決策過程。公開與透明是矽谷最鼓勵的文化，只是從來沒人用在裁員上。天底下幾乎所有的裁員過程都是完全的黑箱作業，甚至裁員這字眼都是禁忌——官方用語是「改組」。

信件前半段除了提供完全透明的決策過程與後續發展，也提到將來打算如何重建公司，但真正的精髓在最後幾段，那是歷史上從來不曾有任何一位CEO觸碰的「情感上的坦白」。

Brian Chesky 分段闡述了這些情感，對公司、對留下來的員工，以及對必須離開的員工。

他說在這歷史上最黑暗的時刻，他的員工卻讓他看到了最優秀、最善良的一面，也讓他受到最深刻的啟發，就憑著對所有員工的信念，他相信風平浪靜之後，Airbnb 一定會再站起來。他把公司未來如果能夠東山再起的價值，完全歸功於所有的員工。

「I know that Airbnb will rise to the occasion. I believe this because I believe in you.」

「because I believe in you」這麼一句簡單到完全沒有修飾過的小學生層級英文，卻完全道出了真實的情感，讓那些離去的人帶著價值感走出去。二十個月後的今天，Airbnb 也的確東山再起，成為市值一千一百億美元的公司。

Brian Chesky 說，Airbnb 的核心價值不是旅遊，是人，而人的核心在歸屬感，這個核心價值從來沒有離開過，而且會永遠留下來。

然後他告訴有幸留下來的人，不要忘記那些為了公司生存而必須離開的員工，以及他們過去所付出的貢獻。他們的貢獻會與公司永續長存，他們都曾經參與編寫 Airbnb 的故事，而且永遠都屬於這個故事的一部分。

最後，針對所有被革職的員工，他說他要誠摯地向他們道歉，要他們不要自責，因為他們都沒有錯。

「I am truly sorry. Please know this is not your fault.」

這麼小小的一句話，卻是這麼深厚的一份離別禮物——他要他們知道自己並沒有失去市場價值，也不是因為自己表現不佳。這和傳統被革職員工走出公司大門時的心情完全不同。

Brian Chesky 把革職形容成被迫和自己深愛的工作團隊分離。他說 Airbnb 出來的都是最優秀的人才，這些人將來不管進了哪一家公司都會是那家公司的福氣，把臨別的尊嚴完整地交給了所有離職員工。

最後，他發自內心地感謝員工們無私奉獻自己的才華，幫助他打造了 Airbnb 這個品牌。他也知道離職後需要筆電找工作，而蘋果筆電並不便宜，對於丟了工作的人是很大的負擔，所以他決定讓所有離職員工把電腦帶走。

讓宴席高雅結束

CEO對炒魷魚的員工道歉，矽谷歷史課本裡從來沒有記載過。公司讓革職員工把筆電帶走，以方便他們找下一個工作，讓公司的標記貼紙帶給他們永恆的回憶，這也是矽谷歷史課本上從來沒聽過的事。與其說那是一台筆電或遣散福利的一部分，我覺得都太羞辱背後的純正動機。說大方，也太貶低這最後一項禮物所代表的真實涵義。那叫關懷，不是福利，也不是大方。

歷史上的CEO在這種場合講的話，永遠像發表宣言那樣官腔官調，聽不到一絲「人的聲音」。高階主管的權威總是把語言背後的人性推得大老遠。Brian Chesky 卻以最真實、最普通的言語，把革職這件事以感恩的道別表達出來——對著那些曾與你共同打拚的工作夥伴說。

革職最糟的不是丟工作，而是丟尊嚴，Airbnb 卻讓員工帶著尊嚴離去。這位CEO丟出了很多足以讓人深思的問題：裁員為什麼不能像道別？分離為什麼一定要翻臉？最後的尊嚴為什麼要讓市場價值來決定？革職為什麼一定要那麼沒有人性？宴席為什麼不能高雅一點地結束？

這位CEO把最糟的一件事，以發自內心的坦白與真誠，畫上一個令人動容的句點。讓我們看到他如何把職場上最醜陋的一面，以最高雅的方式端上檯面。這是一封讓人看了很難不動容的革職信，為著那份高雅，相信矽谷的歷史會永遠記住它。

但，無論離別多麼高雅，矽谷仍舊是矽谷，淘汰永遠是成功的下一步。矽谷沒有人生勝利組，只有人生挑戰組。矽谷沒有永久的勝利，只有撐了多久才被擊敗的勝利。個人如此，企業亦然。生老病死合起來才叫做生命，圓滿的故事應該述說完整的輪迴，不是只慶生不談死，不是只賀成功，不看淘汰。

III

野性矽谷

湖不見了

我喜歡蒐集湖，那種名不見經傳、很少人知道的小湖。

湖，不能太大，掉下去要能游上岸，碰到奇奇怪怪的東西喊救命也要有人聽得到。江河大海會給我失控的不安全感，森林裡的小湖則讓我覺得安逸，只想靜下來讓大腦徹底關機。在家工作了一年半，固定每幾個月我都會休一天假，找個清靜的地方關機。

上回挑了個一年沒回去的森林小湖，到了才發現湖幾乎不見了，只剩下中央還有一灘水。湖心原本有座只能划獨木舟過去的美麗小島，上面有一小片森林和一張野餐桌，現在島不見了，水位低了三層樓，小島變成半島，完全和陸地連在一起。更奇特的是，剩下那一灘水裡又冒出了幾個新的小島——那些小島原本在水下十公尺。湖不但幾乎不見了，周遭的地形地貌也讓人認不出它原來的長相。

往湖的另一端走，原本那裡有個可讓獨木舟登岸的浮動式小碼頭，現在最近的水面隱隱約約呈現在兩百公尺以外，中間全是營養不良的枯草。整座湖就像一碗原本盛得滿滿的湯麵，吃完後留在桌上，徒剩一口湯和幾根麵條。一個地理名詞就這麼變了。

這只是加州幾百個消失中的湖泊其中之一。我們所熟知的地貌正悄悄發生變化。疫情長期在家工作使然，同事詹姆士搬到距離矽谷三小時外的山邊，覬覦著附近那座可玩遊艇的大湖，打從二〇二〇年夏天就盤算著買一輛水上摩托車。眼見湖面節節下降，他的小卡車已經無法接近水面，當時我勸他再等一年，也許水會回來，所以他又等了一年，現在水位卻已降了足足二十多公尺，算算差不多有六層樓。原本那個卡車無法接近的水面，現在已經退到幾乎連肉眼都看不到。湖面縮小了，浮動式碼頭就擺在斜坡上，停靠在碼頭邊上沒有拖走的小船和遊艇像一大串粽子也跟著癱在地上，詹姆士決定放棄玩水。

我少了個口袋景點，詹姆士少了個可玩水的地方，很多人都少了一個夏天可以玩的地方。這沒什麼大不了，也許明年水就回來了，就和去年我們期望的一樣。

但，天下的危機很多都是從那些暫時不癢不痛的小地方開始。玩只是最先犧牲的。

飲水思源

想談湖為什麼會不見，得先談談矽谷的氣候和水。

矽谷只有冬季下雨，夏天乾燥冬天潮溼，過去幾百年的氣候都是如此，就平均降雨量來說也算公平。矽谷的水仰賴冬天囤積和借用高山積雪，這項基礎建設加州做得很成功，早在二十世紀初期就在州內各地大量興建水庫和水道。

如今矽谷的民生用水大部分來自優勝美地國家公園，兩條輸送管歷經兩百多公里將水一路送進來，有些路段的輸送管直徑大到夠四個人在裡面擺張桌子吃麻辣火鍋。這個一九三四年完成的水路捷運系統必須翻過兩個隘口才能進入矽谷，然後一路分送給沿途的城鎮。由於兩條供水管在進入矽谷後全面地下化，而矽谷位處斷層帶，為了防止管線在地震時受地層擠壓斷裂，造成下游淹水卻又無水可用，當年建造了巨大的控制閥控制水流。施工時我看過那些滔滔不絕來自兩百多公里之外的原水。為了要把水送到海灣對面的舊金山及另一半的矽谷，水管還得穿越海底。

如今的矽谷有兩座希臘式水神廟，一個在舊金山南端的 Crystal Lake，一個在東邊的 Sunol，它們的下方就藏著那兩條跨山越海而來的供水管。

優勝美地的水源純淨到不需要過濾，只需要加氯殺菌就可以直接生飲。距今近一百年前，東端入口處蓋起了淨水系統，供應東灣的飲水，水管從海底穿越舊金山灣然後分岔，一路往南供應南灣，一路往北通往舊金山，並借用現成的 Crystal Lake 為通道。換言之，水管必須回到地面流入湖裡。問題是水中加了氯會破壞生態，因此蓋了處理場把氯分離。通過狹長的 Crystal Lake 後，水必須再次進入地下並成為舊金山的水源，所以又蓋了一個處理站，把氯再加回去。

值得一提的是，百年前的人們已知不惜成本保護環境；百年前的人們就知道要把淨水廠這醜陋的水泥設施地下化，美化成風景名勝。不說沒人相信這希臘式水神廟是工業設施，天下也沒人在淨水廠拍婚紗照，但現在這兒可是著名的婚紗照景點。

如今只有走到神廟中間，你才聽得到隆隆的機器聲和波濤洶湧的水聲，才會詫異這麼大的設施竟然完全被藏入地下；只有看到、聽到與這幅畫面不搭調的背後真相，你才能真正了解前人怎樣把美與責任融入基礎建設中，並深深感念一世紀前的思維。小小的希臘式水神廟與一對正在拍攝婚紗照的新人，完全印證了美國的富強與文明絕對不只是靠著GDP和科技的堆疊。＊

總之，這一路跨山越海，完完全全依靠水往低處流的自然力量，沒有仰賴其他能源。

＊照片請見 278 頁。

這些源自優勝美地國家公園的水是全美國最優質的自來水，當舊金山人打開水龍頭就有一杯可以直接生飲的水時，理應了解今天的理所當然，來自百年前的思維與艱辛打造。

另一方面，加州另一項重要的水資源是高山上的積雪。加州東側有一道類似台灣的中央山脈，美國本土最高、四千四百一十八公尺的惠特尼峰就在這道山脈的南端，幾乎和玉山的地理位置一樣。這裡是全加州最大的天然水庫，每年十一月兩千公尺以上的山峰就開始積雪，直到來年五月才化。春末，海拔兩千五百公尺以上的山峰，積雪平均深度是十二公尺。我有個私密景點是日本立山黑部的翻版：公路穿過十公尺深的雪牆，兩側垂直的雪壁將近三層樓高。

這些積雪和矽谷的氣候配合得天衣無縫。每當矽谷進入滴雨不降的季節，山上的積雪剛好開始融化，慢慢把水平均釋放給下游使用。加州的水源有三成來自高山積雪，美國四十%農產品又都來自加州。積雪如果斷了，撐不了幾年就會出現全國性糧荒。

百年前基礎建設的遠見，再加上天作之合，成就了加州今日的文明。沒有這些水就不會有矽谷，也不會有全美最大的農業州加州。冬天若不下雨，水庫會空，山上也不會積雪，加州就會慢慢步向枯竭。

過去十年，這個巧妙的天作之合開始出現裂痕，而且裂痕愈來愈大。

限水的矽谷

二〇二〇年開始，美西進入嚴重的乾旱，矽谷各城市紛紛祭出嚴格的限水政策。

其實二〇一六年矽谷也發生過類似的旱災，那次的乾旱從二〇一一年起足足延續了五年，二〇一六年夏天各地市政府甚至強制限水，所有室外用水全部禁止。

加州人平均每人每天用水（所有生活必須用水）三百五十公升，差不多等於兩個盛滿的浴缸，比台灣人的兩百八十公升大約多二十五%。以美式生活對資源的出手闊綽，二十五%還算合理差異。但這只是室內用水，加州的室外用水比室內用水多了一倍——游泳池、庭園草皮灌溉、洗車，以及沖洗車道和前後院露台——這部分是美國的獨特開銷。言下之意，要滿足美式生活，水的消耗量必須再多一倍。

大片綠油油的傳統美式草皮不再適合缺水的西部。今日的新型庭園設計都朝省水式花園走，拉斯維加斯甚至嚴格規定前院完全不可以種草皮，後院草地也不得超過院子的四分之一。

二〇一六年政府下令所有室外用水全數關閉時，很快地，美國人的車子髒了，草皮枯了，人們也開始抱怨了，因為院子的果樹花木全部枯死了。那時走在住宅區，如果看到哪一家草皮一片翠綠，可以打電話檢舉那戶偷澆草坪的全民公敵，抓到一次罰五百美元，屢犯屢罰沒有上限。只不過打電話前務必看清楚，因為很多人改成人造草皮——做得還真好，故意帶一絲枯黃和缺陷，而且綠得不一致，看上去真假難分，連鄰居偷偷跑來上洗手間的狗都被騙。當然，確實有人魚目混珠半夜偷偷灌溉，自來水公司因此派出紅衛兵在夜間查看哪一家的草皮是溼的。

一個夏天的限水和重罰讓大家度過了危機，二〇一六年就這麼熬過去了，院子死了一些經不起考驗的植物也認了，至少政府沒騙人，枯幾年的草皮的確不會死，我們統統多慮了。接著而來的那個冬天碰上報復性降雨，湖又滿了草又綠了，人們自然忘了水曾經缺過。還記得那年冬季的暴雨造成全加州第二大水庫 Oroville 緊急輸洪道土石崩塌，水庫水位暴漲卻無法排洪紓解壓力。當局只好緊急撤離下流近二十萬住戶。這「先旱後洪」之間，相隔不過半年。大旱五年，半年內判若兩人，把五年內欠的全部補齊，放到數學上或許還說得通，但如果出現在大自然，那就叫變態。

果然，日子正常了幾年，二〇二〇年這一切又開始了，甚至更糟。

四年前幾乎滿載必須洩洪的 Oroville 水庫的儲水量只有十七%，而且因為水位過低，已經無法發電。乾旱到一個程度，連電都沒了。

矽谷三小時之外另外一個重要的湖泊水庫福爾松湖（Folsom Lake）岸邊同樣攤了一地的浮動碼頭，水面退到四百公尺之外。過去的湖底現在變成巨大的停車場，只不過停的都是無法動彈的遊艇。如果下定決心要划船，你得先扛著船走四百公尺才碰得到水，蓄水量僅剩二十四％。自從水面下降了約七層樓深，人們還意外發現了一架一九六五年失蹤的飛機。如果湖水繼續退下去，歷史上很多懸案可能都會一併破解。

撰文當下，北加州知名觀光湖泊沙斯塔湖（Shasta Lake）的湖面距離最高水位是十五層樓，而且正以每天二十公分的速度下降，等同於以一個月兩層樓的速度降低。沙斯塔湖昔日以船屋出租著名，你可以租一艘能住十幾個人的船屋在湖上逍遙幾天，遠望「美國富士山」沙斯塔山（Shasta Mountain）。這些船屋都和房子一樣大，不可能拖走，只能隨著退縮的湖面向下沉淪，最後全部擠在一起，就像一大碗湯上面灑的蔥花沒人要，最後只剩碗底一口湯，上面擠滿了蔥花。

和游泳池不一樣，上述湖泊的共同特色是V字型湖底，愈往下水量愈少，如果只從水位高度判斷湖水容量就會被騙。當湖水深度減少一半的時候，湖水容量其實已經少了整整七十五％。

湖水為什麼降得這麼快，綜合來說有五大主因：

一、乾旱。這個大家都知道，大部分人可能也只想到這個。
二、上游沒有融雪補充。就缺水而言，這已是兩倍的差距。
三、全球暖化造成炎熱乾燥，加速水分蒸發。二〇二一年很多內陸城市的相對溼度已經低到了十五%，撒哈拉沙漠的平均溼度都有二十五%。
四、下游用水人口激增，愈靠近都會區的水庫流失愈嚴重。
五、長年乾旱使得整個地層都極度飢渴，湖底的地層已成為一個吸水的無底洞。除了表面蒸發，湖底也偷偷滲水分享給它的左鄰右舍。
五項因素中有四項和乾旱有關，而且都是出於同一個原因——氣候變遷。也就是說，同一個手掌來回打了我們四巴掌，造成了四倍的影響。

超級乾旱期

科學家紛紛開始提出警告，美國西部可能已經進入「超級乾旱期」。
從過去一千兩百年的資料裡，科學家們發現，超級乾旱每隔幾百年就會發生一次，每次持續約二十年。樹的年輪提供了答案：如果碰上乾旱，那一年的年輪會因營養不良而比較密。過去一千兩百年中，這樣的超級乾旱一共發生過四次，每次至少二十年，也有的長達三十五年。

今天的我們正在第五次超級乾旱期的起飛線上，到目前為止，這一次已是有史以來最嚴重、也有可能會是最長的，而這當然和科技文明促成的全球暖化有關。

加州從二〇〇八年就已進入乾旱期，中間起起落落，讓人們失去了警覺。可是整體而言，超級乾旱期的曲線也許還要十年或二十年才會結束，結束後也還需要十年的恢復期回到正常。

如今，矽谷各地方政府紛紛祭出強制減水令，開列林林總總巨細靡遺的限制，有些必須減低四十%。如果缺水只是讓生活不便，大家咬著牙也許撐得過去，但若影響到農業灌溉，食物來源就會受影響。不管我們如何省，所有民生用水只占加州總用水量二十%，剩下八十%都用於農業灌溉。

由於長期乾旱限水，農場只好挖井自尋生路，同時也掀起了一場地下水爭奪戰。小農戶限於資金，只能開挖淺層井，過一年算一年。地下水是共同資源，有本事的都可以搶。花得起錢的農場先搶淺層地下水，枯竭之後就打更深的井，能夠競爭的農戶也愈來愈少。四十年前花幾千塊美元向下挖二十公尺就可以打到水；現在要打十倍深度，花三十倍的成本才能見到水。撐不下去的農戶只能休耕或降低產量。

影響食物來源的事已經悄悄發生。

二〇一八年，南非立法首都開普敦由於長期嚴重缺水，在歷經六個層級的限水措施後，被迫啟動最後層級的殺手鐧——於該年一月公布，四月十二日將為停止供水日（Day Zero）。到了那一天，全市將停止供應自來水，只由運水車提供飲用水，需要飲水的人必須自己排隊領取。這是歷史上第一個知名大城市面臨把水用罄的例子。幸好民眾全體努力節約用水，再加上老天決定幫忙，這史無前例的停止供水日最後並沒有付諸實行。

當時開普敦的水庫只剩十三％儲量，今天矽谷有些水庫儲量已不到十五％，而且即將徵收「奢侈稅」。科技上處處被人羨慕的矽谷，很可能馬上就會回頭羨慕台灣人有沖馬桶的自由。也許大家都寄望今年冬天會有豐沛的雨量，大自然應該不會那麼無情，過去矽谷人就是這樣期望著，然後繼續看著水位一年比一年低。這明明是個危機，卻少有人談論。身在矽谷，大家彷彿對蘋果新機的顏色感到永恆的興趣。

少了一個湖之後

所以，我的私密小湖不見了，我少了個可以打發一天無聊的地方。詹姆士的湖面退到讓他放棄買水上摩托車，他少了個可以玩水的地方。

少了一個湖，大家很快就會把注意力轉到別的地方，看場電影、逛逛街、上酒吧喝杯酒，都不錯，很容易擺平這小小的惋惜。少了很多湖，再繼續少下去的是澆花洗車，然後是家庭用水，然後是農業用水，然後開始缺糧。

我們都讀過歷史上久旱不雨就會出現飢荒導致有人餓死，以前總同情古代的不幸，仔細想想，今天的科技其實並沒有創造出讓我們免於這種不幸的能力。生命需要糧食，糧食需要水，基本遊戲規則並沒有改變。

人類可以造晶片把富豪送上太空，但我們造不出水，也找不到代替品，卻沒人覺得用這種地球上最廉價的物質來沖馬桶是浪費。更嘲諷的是，南北極的冰正大量消失，全世界的海洋都在上漲。上個月美國紐約才淹大水，那邊多出來的水卻不能拿來補我消失的小湖。對整個地球而言，水一滴也沒少。

伏筆是這樣的：湖不見了，不能玩了，不能澆花了，不能洗澡了，不能灌溉了，糧食不夠了，沒水喝了。這七步路，我們走了幾步？

當然，大自然不會讓我們一次把這些步驟走完，那樣太明顯。最高明的方法就是走兩步退一步，讓人們一直有懷疑的空間。所以，人們繼續懷疑，湖繼續少，湖面的水位也繼續降低。

湖不見了，在山裡親眼目睹，比用聽說的更震撼。

一颱大風就停電

除了缺水，這幾年矽谷冒出的新挑戰還有停電、野火和呼吸。

矽谷並不真的缺電，但可能停電；矽谷沒有颱風，卻可能一颱風就停電，這種比第三世界好不到哪去的供電標準和現象從二〇一九年開始流行，並在一夕間成為矽谷另類特色。那陣子每天早上到公司，大家第一句話都是「你家停電了嗎？」。問了一圈鄰座同事，兩位停電，另一位長期在家工作，沒電也沒網路，已經早一步銷聲匿跡了。周遭十二個人有三人無電，普及率二十五%。

可能長達七天的大停電

電什麼時候來?官方回答「不知道，最長可能五到七天」。

最先聽到這則新聞是在晨間電視上，聽到「七天」時我差點從早餐桌高腳椅跌下來。七天沒電已經不是方不方便的問題，而是會出人命的。儘管停電只及於近山區域，大矽谷地區還是有二十%的人受影響。至於是否受到波及，用戶得自己上網輸入地址查看。不用說，那個毫無準備的電力公司網站根本上不去，客服也打不通，在這生死存亡時刻，大家收到的是最道地的美式官僚回應。

印象中，美國住了這麼久，停電加起來不超過十次，而且很少超過二十分鐘。以前這裡絕對是全世界供電最穩定的地方，即使為了施工得停電，通常一個月前就會百般歉意地預先通知，而且安排在影響最小的時段。一個國家是否先進，往往以水電供應的穩定度為標準。在矽谷，停水和停電從來不是能拿來討論的話題，太沒有發揮空間了。但氣候變遷之下，一切瞬間翻轉。容我到後面再解釋為什麼停電會和氣候變遷扯上關係。

總之，不要說七天，哪怕取個中間值三天，在科技重鎮的北加州，如果三天三夜沒電，那會發生什麼事？

大家第一個擔心的當然是沒有網路，加上手機電量只有一天壽命；再來是冰箱食物腐敗；接著會停水；加油站沒有汽油；電動車無法充電（這裡大部分地方都沒有公車）；商店、餐館被迫打烊；超市三天不能做生意、食物腐敗；街上沒有路燈；十字路口沒有紅綠燈；學校停課；公司被迫休假；甚至連警察局都沒電，要如何執行任務？還有，殘障人士沒有電梯出不了門；家裡需要使用呼吸輔助器的病人可能面臨生命威脅……這張清單因人而異，可以繼續一直寫下去，就像玩接龍。所有理所當然的文明，一旦拔了插頭，全部蕩然無存。

但說到底，為什麼會停電？原來是天乾物燥，氣象預報將有強風，電力公司為了避免往年因電纜被強風吹斷而造成野火的法律責任，乾脆採取「預防性斷電」——到底是預防野火還是預防將來被告，人人心知肚明。

電真的就這麼大方地停了。

一天內，手電筒、電池、冰塊和發電機全部銷售一空，矽谷人最鍾愛的特斯拉電動車停在車庫裡動彈不得。有位住在山區的同事停了兩天電，只能靠發動汽車引擎用轉換器讓冰箱一天保持幾個小時的基本運轉，以免食物腐敗。到了晚上，一家人就著燭光，過著沒網路、不能洗澡、盡量不沖馬桶的日子，隔天一早到公司的第一件事就是淋浴。公司有水有電，成了暫時的天堂。

停電區內，每一間餐館每天營業額和食物平均損失是三千美元；水族館魚缸裡的魚全部死光；十字路口沒有紅綠燈，交通意外頻傳，搞得九一一疲於奔命。進入舊金山的某一條高速公路隧道因為不能抽風而必須關閉，靠著臨時弄到的兩部高性能發電機解圍。儘管依照法律，醫院必須有備用發電機，但在備用電力限制下，所有非緊急手術全數停擺。醫院每小時燃燒的柴油平均是四百公升，要維持三天的緊急配電就需要三十噸燃料——那是一個小型游泳池的概念。到底有幾家醫院有這種容量的儲存槽，完全不是電力公司考量的範圍。

世界第三大葡萄酒產地完全被停電的黑暗吞噬了，那裡全美密度最高的米其林餐廳當然也無一倖免。但這些六個月前就得預訂的頂級餐廳所遭受的損失，比起四百家酒廠歇業三天的觀光營業額，不過九牛一毛。

有些城鎮一入夜就宵禁——美國歷史上著名的紐約大停電，伴隨的就是搶劫。這方面矽谷並不比紐約高尚，而警方只能大力宣導晚上不要出門。有了機會，壞人全浮上檯面。想想看，街頭一片漆黑，商店監視器瞎了，警鈴啞了……這是多少人夢寐以求的好機會？

當然，預防性斷電只及於二十%左右的人口，但重點不是沒有電，而是有電不敢給。堪稱最異類的矽谷式文明。

弱不禁「風」的供電系統

北加州的輸電纜多半是上一世紀中期以前安裝的，老舊的電纜跨山越嶺，遍布矽谷所有山區，若被強風吹斷，再配合地面苦心等候的枯草，野火就會如魚得水般延燒開來。

加州公共事務委員會早在二十年前就要求太平洋電力公司限期替換老舊線路，清除沿線樹枝與乾草。二十年過去了，電力公司只完成了三分之一，原因是成本高又沒有急迫性，那時沒人想得到氣候變遷。然而，自二〇一六年起，連續四年，加州共有十九件森林大火的起因都是電力公司設備過於老舊，包括二〇一八年北加州天堂鎮有史以來傷亡最慘重的森林大火，這些案子的賠償金額總計百億美元起跳。

於是乎，太平洋電力公司搶先一步申請破產保護，意思是不可能賠得起這等天價。申請破產之後，公司就受法律保護，可以繼續營運，能賠多少法院自己看著辦。美國的電力是私營，這些獨霸市場的百年老店在二十一世紀的今天碰上了氣候變遷這程咬金，搞到揹了一身法律責任，還準備面對破產，如今的市值遠遠比不上一個名不見經傳的科技公司。

矽谷人不免問，強風預報只持續一天，為什麼要斷電五到七天？那是因為強風過後，必須以人工逐一檢查所有電纜，確信安全無虞才能復電。電力公司一共只有七百名檢視員，夜間又無法工作，所以需要五至七天才能完成檢查。也就是只要斷電一天，復電就要四到六天。

太平洋電力公司過去二十年對電纜的維修漠不關心，現在對復電ＳＯＰ卻遵循得無微不至。專業和數據都在他們手裡，沒人敢挑戰安全問題，只能懷疑但無從質疑，也讓「五到七天」的變相懲罰造成恐慌。明明是一間即將倒閉的公司，卻以安全為藉口，懲罰著矽谷上百萬居民。大停電完全是電力公司綁架整個北加州做要脅，表明「如果要把野火的責任推給我，只好大家都沒電」，矽谷數百萬居民成了肉票。

當然，實際受害的不止矽谷。這種自保極具鼓舞性，南加州的愛迪生電力公司與聖地牙哥電力公司也跟著宣布將採取同樣的保護措施：只要氣象預報會起強風，就斷電。如果事後只是颳微風，那是氣象局預報的問題，與電力公司無關。

幸好，二〇一九年那次強風只持續了一夜，風速也比預估得低，斷電地區遠比預估要小，原本驚天動地的七天大停電最後雷大雨小，大部分都在三天內恢復供電，彷彿電力公司賜還了一筆恩惠。整起事件在先挾持後勒索之後，打了個對折，部分矽谷居民只繳了三天的贖金，落幕。

然而，矽谷人更大的惶恐是，以後呢？風終將再起，只要一起風就斷電？將來隨隨便便看天氣就停個三天電會成為常態嗎？矽谷的供電穩定度難道將與孟加拉比肩齊步？

萬流歸宗的氣候變遷

這件事為何和氣候變遷扯上關係？過去二十年，電力公司對線路維修的懈怠的確是出於沒有迫切性，但近幾年情況突地急速反轉。加州有史以來最慘烈的森林大火，前八名都發生在二〇一七年以後。森林沒有變，滅火科技也不斷進步，火災卻比過去頻繁，而且燃燒得更大更烈。

現今的北加州平均氣溫比五十年前高出了近攝氏兩度，千萬別小看這兩度，那已足夠讓相對溼度降低二十％。如果把這二十％的乾燥平均散布在所有枯木與乾草上，它們會立刻變成高品質燃材，剩下的就是耐心等候強風吹落電線。弱不禁風的電纜只是被借來殺人的刀，氣候極端化才是背後的兇手。

北加州的乾旱年年破紀錄。二〇一五年和二〇一六年，北加州連續八個月沒下過一滴雨，該下雨的季節只意思意思點綴一下；二〇一七年和二〇一八年，冬季狂下雨，其它八個月雨閒閒沒事幹。乾旱時枯死的樹即使後來狂下大雨也補不回來——這不是銀行存款，可以先提後補——死了的就再也回不來了，我家後院的樹同樣因為二〇一六年的乾旱死了三分之一。加州的森林已有近兩億棵枯死的樹，耐心等候栽贓給電力公司的火花。二〇二〇年和二〇二一年，不下雨的紀錄再度被打破，該下雨的季節連敷衍都省了。

換言之，五十年來，風並沒有變得更大，電線也沒有被吹落得更多，唯一改變的就是氣候。森林大火在加州已經成了常態。

照這樣的速度下去，依科學家的模型預估，到了二〇七〇年，加州將有一半的森林經常處於燃燒狀態，完完全全就是世界末日的景象。我懷疑好萊塢已經在策劃籌拍這部災難片，多好的題材！

持平來說，整體看，怠惰的電力公司其實只是代罪羔羊，即使完全斷了電，意想不到的森林大火還是繼續發生。

二〇二〇年北加州遍地開花的破紀錄野火統統來自閃電，那一場大火到現在還穩居排行榜冠軍。火花的來源可以非常有創意——鐵錘敲打鐵釘擦出的火星，汽車爆胎鋼圈在柏油路上磨出的火花，除草機葉片打到小石子迸出的火花，以及汽車的排氣管，統統都是很好的藉口。禍首不在火花，而是枕戈待旦的乾柴；原因不是電線，而是氣候變遷。

自力更生的未來

氣候變遷這話題太大，也談得太多，讓人覺得無力，善於解決問題的矽谷人更在乎如何面對未來的斷電。畢竟被高房價和塞車壓住的矽谷人早就在等待最後一根稻草，如果再加上颳風就斷電，再高的薪水可能也留不住人。

很快地，矽谷人提出眾多解決方案。

第一案提倡把高壓電纜線全面埋入地下，一勞永逸。只不過電纜全長三萬公里，即使日夜不停工也得耗時十年。

第二案倡導安裝電纜節段感應器，在電纜吹斷瞬間立刻自動斷電，徹徹底底的矽谷式思維，也獲得最多人支持——在矽谷，什麼都要自動化。安裝感應器工程相對簡單、成本低廉，卻是一套獨立且目前並不存在的電腦網路系統，要求必須絕對地精準、絕對地迅速。此案深具潛能，而且應該交給 Google 來做，因為沒有人敢再相信連網站都不知道如何經營的電力公司。

第三案建議把所有的特斯拉都變成巨大的電源。電動車在矽谷日漸普遍，儲存的能量足夠一般家庭使用三天。說不定下一版的特斯拉就會附上轉接頭，成為現今世界上最大的行動電源。這是最簡單的解決方案，先決條件是必須有一輛電動車。

第四案鼓吹安裝太陽能電池。太陽能電板在加州同樣日漸風行，但目前只能發電不能儲電。加州白天日照充足，產生的電足夠夜間使用，太陽能電池可填補此一空缺。如今的新建案已漸漸走向這類自給自足的獨立供電方式，業界稱為「能源島建築」（Power Island），特斯拉也趁勢推出 Powerwall。待日後電池科技更成熟，未來的房子就不需要電力公司了。

最後一案是分散式微電網（Micro Grid），這個終極目標也是其他國家應該考慮的方向。看看過去十年，網站資料庫已從單一而巨大的儲存模式，逐步演化成區域性分散式儲存。此番演化完全基於網站可用性的需要。如果採用單一模式，一旦資料庫當機，網站就會全軍覆沒。若把這種概念延伸到極致，那就是時下最夯的區塊鏈。區塊鏈永遠不會當機。電力供應也應該逐步走入這種模式，把單一巨大的供電網拆解成無數的微電網。拋開技術性斷電的需要不談，光是應對未來可能的駭客與戰爭，微電網就可以避免一竿子打翻一船人的慘況。

永遠燃燒的加州

不論哪一個解決方案，短期都不可能實現，強風卻不會放棄它的天職，每年都會再回來，乾旱也玩上了癮，彷彿不破個紀錄就無法交差。

我家屋瓦早在十年前就換成防火材質，美國房子著火最大的媒介就是屋頂的木瓦片；我也不怕斷電，事實上，我很懷念小時候颱風停電停課那種天上掉下來的禮物。讓人擔憂和沮喪的是，我們只能致力於解決如何避免停電，或如何避免一場森林野火，氣候變遷這議題卻大到讓人期望外星人出面，幫忙我們解決問題。

二〇一九年那場驚天動地的政治性斷電並不是最後一次，反而是一個新的創意和開始。之後每次氣象預報出現強風，電力公司都會技術性斷電，宛若這是矽谷生活的常態，二〇二〇年我家就被懲罰過。

唯一不同的是，加州州長下令停電必須在十二小時內復電，而且民眾可以要求賠償，等於回了電力公司一巴掌。意思是你可以用安全理由玩政治遊戲，我也可以用法律來懲罰你。所以電力公司不再這麼放肆了，不再動不動就拿「七天」做要脅，但一颳風，電該停的還是照停，只不過變成化整為零各個擊破，改為小區域式斷電。靠近野火區的人必須和孟加拉平起平坐的日子，一天也躲不掉。

日子就這麼過下去，矽谷人每年秋天都得面對同樣的老話題。現在大家買房子除了學區，還得考慮野火和斷電。預防性斷電實施了兩年也證實，斷電是斷不了野火的。野火，仍舊燒得一年比一年旺，甚至已不再「獨厚」北加州，而是讓整個美西頭疼。野火的煙一點都不藏私地分享，不辭勞苦地送到全美各地。加州最乾淨最美麗的太浩湖（Lake Tahoe）度假區曾經連續一星期穩居空汙指數全球冠軍寶座，這份「榮耀」過往無人能夠想像。以後的人買房子可能還要考慮風向和呼吸的自由，而這個問題，屬於全世界。

燒不盡的野火

這些年北加州開始流行燒野火，連帶讓季節名詞也跟著更豐富，除了原本的旱季、雨季、購物季、棒球季、橄欖球季，現在又多了一個「野火季」。

照規矩，野火季發生在秋季中後期，原因是夏秋兩季幾乎滴雨不下——如果不小心下了一場雨，左鄰右舍的寵物都可能雞飛狗跳——到了秋末，乾燥已經存夠了積蓄，只待那足以燎原的星星之火。

典型的野火季節是十月底到十一月中，而且多發生在矽谷北邊內陸的乾燥帶。這幾年因為乾旱愈來愈嚴重，造成樹木大量死亡、投胎成為上等燃材，不分季節地等待機會，野火季因之一年比一年提早登場，甚至不必靠近山林，只要有枯枝乾柴的地方，野火們連時間和地點都不挑了。

二〇一七年，矽谷北邊葡萄酒之鄉大火；二〇一八年，創世紀大火幾乎完全毀滅北加州天堂鎮；二〇二〇年，史無前例的乾旱與野火再次粉碎過去所有紀錄，那也是加州野火最慘烈的一年，北加州八月就進入野火季，而且是四面烽火圍繞著矽谷猛燒；二〇二一年，西海岸的奧勒岡州出現了美國有史以來最嚴重的野火，燃燒面積超過台灣三分之一，再度粉碎過往紀錄。這場大火使得五千公里外的紐約和波士頓都看不到太陽，空汙指數嚴重到紅色警戒。

野火們枕戈待旦等待的星火來源，同樣一年比一年有創意。

加州幾乎所有的森林野地都可以看到絕對禁止抽菸或生火的警示，台灣式的就地生火烤肉對加州人來說是不可思議的自由。最基本的森林防火措施加州向來徹底執行，星火來源仍舊防不勝防。在加州，你甚至不能隨便在野地路邊停車，因為汽車排氣管碰到枯草也可能造成火災。這裡的乾燥程度世界其它很多地方無法想像。剛到加州時發現紙竟能割傷手，paper cut，並不是美國紙張神勇得像刀片，而是氣候乾燥到連紙張都能把皮膚割破。

然而，即使防火做得十足十，星火最後還有一個殺手鐧來自上帝。二〇二〇年圍燒矽谷的曠世大火，源於閃電。

必須要特別說明的是，矽谷沒有閃電。在矽谷要是發生閃電，當晚必定成為頭條新聞。

二〇二〇年八月十七日是一個令矽谷人重新思考自己與大自然關係的日子。那天凌晨我被雷電交加吵醒，可是外面並沒有下雨。當時我很睏，也很興奮。受不了窗外光怪陸離的誘惑，我走到窗前觀看這百年難得一見的天文奇景。當時的場面就像上帝正懲罰著人類，緊接著矽谷四周就開始焚燒。

矽谷是個盆地，舊金山灣提供了免費的天然冷氣，也製造了足夠的溼氣防止野火入侵。但在矽谷外圍、那些隔著山沒有溼氣保護的地方，閃電造成的野火在三個不同的地點同時間肆無忌憚地燃燒起來。

過往看著新聞裡火燒山的畫面，只有同情，沒有擔憂。過去幾年矽谷人已經習慣季節性地看不到藍天與不能大口呼吸的日子了。當時正值 COVID-19 第一波疫情高峰，本來就沒有出門的自由，直到兩天後走出家門我才嚇了一跳。我家距離山腳很近，偶有那種悠然見南山的閒情逸致，那天南山卻不見了，在這萬里晴空的日子裡，一股嗆鼻的煙味把我逼回了屋內。上網查，矽谷南邊那攤閃電造成的野火兩天之內已經成長了數十倍，邊緣距離我家只有十公里，中間就靠幾座枯山相隔。

這是我第一次感覺到野火不只是新聞而是威脅。還好中間有山隔著，彷彿我們最後的希望就在那一道區分矽谷的山脈。他們總不可能眼睜睜看著這把火跨山燒進矽谷。

如果我只有二十分鐘

從前我同情別人野火來了要怎麼辦，因為警察只給二十分鐘準備。我開始想，如果只有二十分鐘，只有一輛車的空間，該拿什麼？其實我真的不知道要拿什麼，因為拿任何東西都會後悔拿錯了。如果只拿最有紀念性的，想一想是不是讓它一起消失了更好？這樣餘生是不是會活得更俐落？

由於山的那一端已經進入撤離區，那幾天連睡覺都要耳聽八方。撤離時會怎麼通知呢？用手機還是挨家挨戶敲門？樓下敲門我們聽得到嗎？以前這都是電影，如今自己卻不知不覺親身走入電影情節。

像臘肉一樣燻了四天後，手機終於收到了簡訊，要我們打包待命撤離。

打開官網，赫然發現我家已經快被包圍了。這一大片靠近山腳的住宅區統統進入黃色警戒區，再下去幾公里就是紅色的強制撤離區。再看看山另一邊的火線，直線距離只剩四公里，而大火焚燒的範圍已經超過六個台北市。這還只是三個火場其中之一，另外兩攤，一個在矽谷西邊，另一個在東北邊，三個每晚爭搶頭條新聞版面。

由於滿天都是煙霧瀰漫，這些東西肉眼都看不出來，只能上網查看。那一道山脈仍舊是最後屏障，一旦燒過山頭，大火就會像清兵入關一樣進入矽谷。

我也必須打包了

這是我打過最奇怪的一次包。我不曉得要去哪裡，不曉得要去多久，不曉得什麼時候走，甚至不曉得是不是真的要走，不曉得什麼時候回來，甚至不曉得會不會回來。我不知道要包什麼。

看看一屋子的東西，放眼看到的每一樣都有可能是最後一次看到它們，我拿出手機拚命拍照，最後把重要文件、照片與隨身衣物分成四個包放在門口，另外還得帶筆電——逃出去後還得繼續工作。我只有一輛車的空間來承載這一生最重要的決定，並希望再回來的時候，房子還在，後院菜圃的番茄還在，池塘裡的魚也還在。

那時的矽谷彷彿是在一條輸送帶上，緩緩被送進火場，只能靠幾千名憑著鐘子和十字鎬的打火弟兄設法讓輸送帶停下來。當我們必須把自己所有的一切很誠實地交給一群陌生人的時候，你才知道有這樣一群勇敢的人出來為你擔當是多令人感動的事。

山的那一邊沒有公路也沒有山路，近攝氏四十度的天氣，背著幾十公斤十八世紀的工具上山，一切靠的仍是人力。臉書、蘋果和 Google 除了隔岸觀火之外，一點忙都幫不上。

面對野火，打火弟兄們的策略並不是滅火，而是斷火。杯水車薪的空中滅火只能在白天執行，地面滅火則必須完全仰賴人力。消防隊員不可能背著水上山，唯一能執行的策略是防止擴張，在火星所及範圍之外清出一條防火巷，大火燒過來自然就沒戲可唱。然而，跨山越嶺綿延幾十公里的火線需要投入大量人力，全加州森林防火隊員大約一萬人，早已全部二十四小時投入戰場，不眠不休地打一場不知道何時才能打完的仗。

兩天過去了，網路上的火線沒有再推進，打好的包仍舊放在門口。煙仍舊一樣濃，出門還是會嗆死，手機也沒有動靜。三天之後，突然，看得到山了。山的另一邊發生了什麼事我不知道，我只知道這麼多天以來第一次看到夕陽。接著收到通知，撤離令解除。看著打好的包、看著窗外加滿油待命的車，我一時說不出話來——他們打贏了一場絕對不能輸的仗。

煙消雲散後，我找了一天騎登山車爬上山頂往另外一邊看，綿延幾十公里一片漆黑。大火在距離山頂幾百公尺的地方停了下來。翻過山頭，就是矽谷。

野火的故事對我算是暫時告一段落，但它不會結束。二〇二〇年的野火季一直持續到十一月，打破紀錄地足足橫跨了四個月，矽谷北邊的大火甚至造成舊金山天文奇景，網路和新聞上瘋傳。連續好幾天，整個矽谷的天空都呈現桔紅色，情境宛如科幻電影裡外星人來襲，接著天空開始飄灰燼，就像下雪一樣。這些天文異象完全跟著風向轉，也往東向內陸延伸好幾個州。那些抬頭看得到銀河的地方，很可能一夜之間天空飄滿灰燼遮蓋星空。美國已經沒有可以完全倖免之處。

進入二〇二一年，故事仍舊沒結束，野火季甚至提早在七月就上場，過去從來沒有發生過森林大火的地方也開始燃燒、撤退。距離矽谷四小時車程的度假休閒區太浩湖同樣未能倖免。

太浩湖有豪華遊艇，有賭場，有高爾夫球場，有滑雪場，有五星級度假區，還有昂貴的湖畔豪宅，包括祖克柏六千萬的曠世宅邸。一場只認燃材不認財富的野火從八月底就一步步向太浩湖推進。野火能夠藉著樹梢快速跳躍傳遞，跨越河谷和高速公路，直接向大自然要它前進的方向前進。地面的打火弟兄只能追著打火，大家的命運完全被風向掌控。

二十一世紀的今天，我們仍舊靠天吃飯，讓風決定哪裡該燒哪裡該留。當氣象預報強風將吹向太浩湖最大的城市時，當局啟動了史無前例的六萬人強制撤離令。由於位處高山，頓時間，唯一能夠撤離的公路塞進了幾萬輛車，有人拖著遊艇有人拖著露營車，卡了幾個小時都無法動彈，這完完全全是好萊塢的情境，而那畫面和阿富汗大逃亡並無不同。

整個城市撤空之後，大火突然改變念頭，回頭把一個才燒過的小鎮又燒了第二遍。太浩湖保住了，只因大自然耍了個小幽默。爾後一個禮拜，滿天灰燼吹向太浩湖，湖面上、沙灘上，統統鋪了一層瑞雪。這裡的湖水應該是全世界最純淨的，也是加州人最引以為豪的，經過這一場擦邊而過的災難，人們理應認識到，氣候變遷造成的影響不分貧富也不分地區，一切完全看大自然的興致而定。

燒了一萬棵神木之後

緊接著，加州中部高山上的國王谷神木國家公園（Kings Canyon）開始燃燒。這裡沒有人，卻擁有全人類最珍貴的資產。全世界最大的神木都在這裡，其中的冠軍「舒曼將軍神木」（General Sherman）在耶穌出生前兩百年就已經在那兒，現今卻被一場二十一世紀科技也無法阻擋的野火威脅。

當局出動防火與森林專家，想盡辦法要保住國家公園裡的神木群。園裡每一棵樹都是千年神木，人類輸不起這場戰爭。他們在樹根抹上防護油脂，再用防火毯包裹靠近地面的樹幹，希望即使樹著了火，只要保住根部和底部的樹幹，也許還是能存活。神木保護戰打了一個多月，最後還是靠上帝伸出援手，讓一場意想不到的傾盆大雨幫忙解決了二〇二一年所有無法解決的難題。

但是，上帝救火並不是免費的。下完大雨後，很多去年燒過的地方開始出現土石流。有些去年才因野火打包逃亡的人，今年因為土石流又撤離了一次。神木國家公園的野火終於熄滅之後，園內著名的神木大道已有一萬多棵神木燒死，數量占了公園百分之十，這些巨木隨時都可能倒下來危及遊客安全，如何清理這個不可能的善後成了當局的下一個難題。

鬧了四個月的加州野火今年算是暫時休息了。去年、前年、大前年它也暫時休息過，我們都明白明年它會再回來，只是沒人知道它會在哪裡降落。根源沒有解決，我們就只能追著打火，忙著逃亡、打包、撤退、救神木，然後期望上帝插手。上帝當然可以輕易降下一場大雨，一夜間把野火全數熄滅，但乾旱枯死的樹即使狂下大雨也長不回來。今年每一棵枯死的樹都會成為來年的上好燃料，大自然正為明年的反撲悄悄儲蓄著。這一場拉鋸戰還有得玩。

COVID-19 疫情期間很多矽谷人搬往矽谷外圍，找尋遠離塵囂的森林或湖畔，期望過更接近大自然的日子。連續幾年的野火卻把這一盤棋全部打亂，迫使很多人重新思考，到底哪裡才是能夠安身立命的地方。二〇一八年燒掉的天堂鎮兩年後重建，同樣有人陸續搬回去，但二〇二一年附近的山又燒了，有人三年內被燒了兩次。

未來加州所有靠近山或森林的人家，也許時時刻刻都得準備打包逃亡。以前的我會認為這是笑話，但幾年前我認為「還好我沒事」的，二〇二〇年八月已經成了威脅；現在那些認為「還好沒事」的，幾年後也許就會成為威脅。年復一年「還好我沒事」的慶幸到底還能維持多久？那條「沒事」與「威脅」的界線，一直悄悄朝我們爬過來。

沒有蚊子，但有獅子

每次回台灣的第一夜，一種遺忘很久的聲音都會把我吵醒，告訴我世界上還有一種叫做蚊子的生物。矽谷沒有蚊子，幾十年來我常常忘記牠的容貌，也失去了對抗能力。每次被立刻吵醒都只能在黑暗中打自己一巴掌，到底打中沒有也不知道。超過二十四小時沒刮鬍子，臉上滿布鬍根，我懷疑就算牠平安降落，是否真的能偷到血。

台灣的蚊子很奸巧，看著一巴掌打下來，牠會假裝安靜一下，其實心裡也許在偷笑。等你差不多又要睡著時，牠又捲土重來，整晚享受著看你不停打自己巴掌。房間裡只要有一隻蚊子，就一隻，已足以讓人整晚崩潰。就體重和破壞力來說，蚊子絕對是生物界最成功的設計。

蚊子在矽谷的處境，不可同日而語。矽谷太乾燥，蚊子找不到地方產卵，無法繁殖後代，就算有了後代也會活活渴死。這種乾燥也順便消滅了蟑螂。矽谷房價恨天高，蚊子和蟑螂的缺席或許都是幫兇，畢竟世界上沒有蚊子和蟑螂的地方還真不多。

和蚊子一樣，黴菌在矽谷也沒有生存空間，夏天即使把飯菜留在桌上，一兩天都不會壞。這一切都要歸功於矽谷的乾燥。

一個有獅子的地方

雖然矽谷日趨嚴重的乾旱消滅了令人憐憫的蚊子，卻拉近了獅子，而且是出現在舊金山鬧區的野生獅子，不是從動物園偷溜出來的。這裡指的是美洲山獅，牠們以密西西比河為界，全部集中在美國西半部。密西西比河以東看不到山獅，不知道牠們為什麼這麼死心眼，死不肯渡河。山獅的生存條件比蚊子有彈性得多，從酷寒到酷暑、從沙漠到雪地和森林，甚至都市叢林都能住，食物來源也很廣，只要脊椎骨朝天的都不挑。

加州估計有四千到六千隻山獅，這些野性極高的肉食性動物對人類文明沒有太大興趣，也從沒想到把人類當作食物。近幾年由於嚴重乾旱，小型野生動物為了追求水源，與人之間的距離愈來愈近。食物源既然走進了社區，山獅自然跟在後頭。很多過去從未出現過山獅的地方，這幾年人獅頻頻互爭地盤。

矽谷兩面環山，山獅的自然棲息地距離科技中心本來就不遠。過去幾年，靠山邊的社區時不時有人目擊山獅，我家附近靠近山腳下的住宅區就上過晚間新聞，我也在離家不遠的山上看過新鮮的獅爪印。不過我把這些全看作是機會和資產。

矽谷的山獅棲息地大多集中在西側的海岸山脈，這條山脈全是密林，非常適合貓科動物來無影去無蹤的習性。從舊金山到聖塔克魯茲這段大約一百二十公里長的帶狀森林裡，估計住了兩百多隻山獅。喜歡在黃昏出來獵食的牠們，日落後甚至可以在制高點俯看矽谷的燈火輝煌——科技與野性在矽谷就是這麼接近。如果去山獅出沒帶的森林健行，運氣好一點的話會看到「山獅計畫」研究單位安裝的攝影機，我也知道哪裡找得到攝影機，會安裝攝影機就表示那是山獅的地盤。

如果已經身處山獅地盤，想再提高不期而遇的機率，那就得找到森林裡的小湖，黃昏時分更好。水源是吸引野生動物的重要資源，山獅又喜歡在黃昏和夜間獵食。矽谷的登山口一般都有山獅警告標誌，但那只是盡到告知義務，並不代表真有威脅。可是在鮮有人跡的湖邊看到三令五申的警告，那就是玩真的了。

告示牌上會警告這是山獅地盤，碰上了要如何應對，若遭受攻擊就打九一一求救——那是騙人的，因為這種地方根本沒訊號，手機頂多只能在被攻擊時自拍留念。山獅和貓一樣疑心重又害羞，不會輕易讓人看見，最多躲在森林裡靜靜看著你，考慮要不要出手。常有人說在森林裡走了多少年從來沒見過山獅，但這並不代表牠們沒有在暗處悄悄打量過你。

當然，如果面對面撞個正著，那就純屬意外，應該也算是運氣。

告示牌一再叮嚀，碰到山獅不能掉頭落跑，要和牠唬爛比大，要面對牠張開雙手大聲叫囂，用堅定的眼光告訴牠你比牠大，不會成為牠的食物。曾經有人把登山車舉起來，嚇跑了正在猶豫、很容易信以為真的山獅。不過舉單車有另一項風險，如果山獅不來這套，你可能會先累死然後才被吃掉。

山獅其實極少主動攻擊人，唯一發生的幾次，對象都是不知情的慢跑者或騎登山車的人，被山獅誤以為是心虛逃跑的獵物。如果獨自在山獅出沒的森林裡健行，可以把帽子和太陽眼鏡反戴讓對方困惑，這招令人困惑的矽谷重要生存技巧我也是向同事學來的。山獅的猜忌心很重，如果被你搞得一頭霧水，這頓飯牠就寧可放棄不吃。

金融區的獅子

舊金山金融區出現山獅的事件發生在二〇二〇年的疫情高峰。封城使然，街上幾乎沒有人，山獅在市區逍遙了整整三天。有人大白天目擊牠在舊金山地標建築 Salesforce Tower 附近的市場大道路口遊蕩，市場大道相當於台北的忠孝東路。ＡＢＣ廣播公司舊金山總部門口的攝影機也拍到牠大搖大擺過馬路，不遠處就是渡輪碼頭觀光區。著名的小義大利區也有人看到牠的蹤影，看來是隻挑地段、地點有趣才去的山獅。

這隻山獅可能來自舊金山南面水庫的山林，那兒夠荒、夠野。從那裡到舊金山金融區之間大約是二十公里的密集住宅區，最後幾公里則完全是商業區，動物專家們一直不懂，牠如何穿過整個舊金山市而不被人發現。

在這隻山獅進入舊金山之前，最重要的饗宴非動物園莫屬。就在那幾天，動物園裡少了三隻袋鼠，顯然這傢伙趁路過順便享受了一頓隨你吃到飽的自助餐，再利用夜間往鬧區推進。有人居住的地方就會有寵物，找尋貓狗之類的寵物應該是牠大膽走入市區的原因。

最後這隻山獅在一間空屋內被逮捕、套上電子追蹤器後野放。然而，舊金山的美食與夜生活顯然讓山獅都難以忘懷，追蹤訊號顯示，幾個月後牠舊地重遊，卻在穿越高速公路時被汽車撞死，結束了這則山獅大逛舊金山鬧區的野性插曲。

矽谷城市出現山獅當然不止這一樁。一年後，舊金山與兩個鄰近城市的住宅區都陸續出現三次山獅逛街的畫面。那並不是山上離群索居的人家，而是孩子放了學會在門口玩耍的平凡社區。

其中有一隻獅子半夜看中屋主室內的鹿頭標本，竟然爬窗登堂入室，真正叫在家躺著也會撞見獅子。與此同時，我也很同情那隻已經餓到真假不分的山獅。

在矽谷，人與山獅的關係已從目擊升級到了近距離接觸，而接觸多了難免發生糾紛，甚至把人升級當作獵物。一旦山獅改變胃口，情況就會變得相當複雜。

與科技巨擘為鄰的野獅

蘋果總部所在地 Cupertino 附近有個知名的親子農場公園，二〇二〇疫情來襲前的某個周日就曾發生山獅攻擊兒童事件。

那個每年平均六十萬人次造訪的農場我常去，但不會選人潮眾多的周末，因為一定找不到停車位。在攻擊事件之前四個月內，公園已經因為出現山獅而多次關閉。

事發那天，某隻山獅也許決定要換換口味，選中了一個六歲的小女孩。當時小女孩和其他四個孩子與六個大人一起走在農場後面的山路上，不遠處還有另一個團體約十來個人。山獅就這樣突然從路邊叢林裡竄出，當著這麼一大群人攻擊走在最前面的小女孩。跟在後面的大人立刻衝上去，山獅被擊退，跑了，並在女孩小腿留下抓痕。

事發以後，當局封鎖公園，帶著受過訓練的獵犬上山搜捕，三天後就抓到兇手並核對DNA無誤。以這點來說，我非常佩服加州漁獵局，深山裡逃跑了一隻心虛的山獅，居然讓他們找到、抓到，還確認了。山獅在加州雖列為保護動物，但依照慣例，這隻山獅仍會被處死。這是為了防止食髓知味，而不是為了懲罰。一旦野生動物開始把人類列入菜單，那滿街都會是食物。

二〇一四年，Cupertino 附近山頭另一個適合全家郊遊的山徑上，也發生過類似攻擊案件，而且情況更嚴重。一個六歲小男孩和父母與另一家人，一共五大五小一起健行。獨自走在最前面的男孩突然被一隻竄出的山獅咬住後頸並拖入樹林裡，男孩的父母衝上去擊退了山獅。事後山獅竟不死心，一路尾隨，彷彿期待男孩的父母回心轉意，把獵物還給牠。

山獅攻擊人類照例要依刑案現場處理，蒐集線索圍捕兇嫌。四天後嫌犯找到了，核對DNA後，處以安樂死。

山獅只揀軟柿子吃，在矽谷，假日帶著寵物和小孩在山裡踏青郊遊，得特別注意不能讓他們脫隊落單。專家建議，在山獅出沒處最好抱緊幼童、牽好寵物，這無疑也是最異類的矽谷式擔憂。畢竟這兩件大白天攻擊幼童的事件都發生在矽谷科技核心 Cupertino 山上，雖然類似情事極少發生，可是對城市踏青的人來說，發生一次都嫌太多。

獅子選擇科技巨擘並不會厚彼薄此，二〇一四年 Google 總部所在的 Mountain View 大街也出現了一頭山獅。事後，從這隻曾被捕過的山獅脖上追蹤器發現，這傢伙大半夜穿過高速公路，闖入社區公園和游泳池，天亮後在路邊某棟公寓的造景樹叢裡埋伏了九個小時，完全沒有被發現。這麼長的時間內，不知道有多少兒童、學生和遛狗的人路過，直到碰上一隻不是吃素的大狗嗅到異味，出面干涉，這才把牠從草叢裡逼了出來，就此天下大亂。

爾後三小時非同小可，山獅在車水馬龍的鬧區到處流竄，逼得警方一路封街。最後牠被逼進某大樓地下停車場，躲在一輛汽車下面，被警方用麻醉槍制伏。這隻誤闖都市叢林的山獅沒有傷人，逃過一死，以野放作結。

矽谷的第二大獸蹤

矽谷另外一個值得一提的是土狼，也就是郊狼。我不知道為什麼翻譯成郊狼，因為我覺得這種動物的「土」性比「郊」性更強烈。會說土，是因為土狼有狼的儀表，卻只有狗的身材和能力，加上貓的氣度與小混混的教養，是個機會主義者。總之，土狼是百分百的俗仔。

土狼小頭銳面欺善怕惡，落單時低三下四委屈求全，人多勢眾時齜牙咧嘴，和街頭混混沒兩樣。牠的表情永遠帶著些許卑微的抱歉，很容易讓人失去戒心，卻又不停挑釁試探你的底線。土狼的眼睛總不敢正視對方，好像知道自己接下來的行為一定會很不入流。

土狼是從來不真正逃跑的動物，不是牠勇敢，而是你接近一步牠就退一步，如果你要離開，牠又回逼一步。這種一來一去的無聊小動作，牠玩一整天也不嫌累。反正牠多得是時間，玩到最後通常是我放棄，然後牠就會追過來。問題是，追過來了牠又不能怎樣，畢竟牠也沒膽量敢在我活生生的小腿上咬一口，就只是站在安全距離外等待機會。好像一個想吃牛排的人，盯著一頭牛猛幻想。或許土狼期望我心臟病突發，自行倒下送牠一份大禮吧。

土狼從一隻到四隻我都碰過，大部分是騎登山車時碰上。通常情況，一隻除了令人討厭，不至造成威脅，牠只是不厭其煩地和你玩亦步亦趨的遊戲。牠們就怕你來真的，只要出其不意衝過去，牠們就會很認真地逃走。耍賤土狼贏；耍詐比不過我。

碰到四隻土狼那次，我騎車從樹林裡出來，牠們齜牙咧嘴竊竊私語擋住去路，也許在商量如何平分這頓四人份的晚餐。從當時的場面看來，牠們同樣有階級、有組織，三隻交頭接耳擋在山徑上，另一隻站在後面顯然是指揮官。那陣仗和深夜在巷口等著找麻煩的小混混一模一樣。

對付俗仔就是要來硬的，我順著下坡路大聲咆哮直衝過去，用裝出來的勇氣把牠們嚇得一哄而散。當下我確實擔心過，若牠們堅持不讓，這台階我不知如何下。如果調頭逃跑，牠們肯定會追上來，慌亂中要是跌倒了，這些小混混真的會一擁而上。好在一群野狗只能咬人卻不足以吃人——這向來是我最後的安全網——最糟情況下，就當是被一群小混混打得滿頭包吧。

和其他野生動物一樣，土狼因為乾旱而走入文明找尋水源。矽谷的住宅區出現土狼可謂稀鬆平常。這些傢伙走在路上大可冒充狗而沒人理會，因此更助長了牠們的聲勢。

身材的關係，牠們的菜單選項比山獅少些，目標是中小型寵物，不是人。但同樣地，過去只聽說看到了土狼，現在慢慢出現寵物甚至人都被攻擊的新聞。

不久前，新聞說一個在住宅區遛狗的女孩牽著狗，一路被土狼追著咬。也有人大白天去超市購物，剛下車就受到攻擊，小腿上留下幾顆牙印。也許那隻土狼真的餓慌了，又等不到車主心臟病發，上去咬一口留下一排牙印讓口腔乾過癮，體會一下吃的感覺也行。純粹從生物出於飢餓而求生存的角度來看，其實頗值得同情。

幾天前我們社區的群組才貼文，有人在半夜被動物哀嚎聲吵醒，出了門看到五隻土狼正在攻擊一隻鹿，當時鹿的後腿已經被吃了一半，卻還拖著五隻緊咬著不放的土狼試圖跳跑。這種 Discovery 頻道的畫面竟在我居住的鄰里真實上演，如果住宅區裡就有這類掠食者，電線桿上貼的那些走失愛犬是否真的走失？看來以後晚上出門散步得帶胡椒水，不然回來也許就少了半條腿。

除了山獅和土狼，矽谷還有很多台灣見不到，電影中卻常常看到的好萊塢式野生動物，比方像響尾蛇和巴掌大的蜘蛛。牠們都是沙漠特產，當然沒人會把矽谷和沙漠聯想在一起，不過一年長達八個月幾乎不下一滴雨，矽谷就成了暫時的沙漠氣候。此外，大蜘蛛和響尾蛇都比山獅安分，不輕易離開自己的地盤。除非人們自己找上門，不然不太容易碰上。

這裡想順便替響尾蛇申個冤，牠們並不像電影裡那麼惡毒，也很少發出聲音，絕大部分的狹路相逢都會理性讓開，並且准許我拿著手機在幾呎之外跟拍逃跑過程。矽谷的野生動物大概也習慣了手機和社群網站。

這麼多年來，我撞見過的響尾蛇不下二、三十條，只有一次碰到那種誇張的電影情節，也圓了一場親耳聽到響尾蛇搖尾巴的夢。如果你好奇那尾巴為什麼會響，到底有多大聲，大可不必冒險接近牠們，那些東西 eBay 上都買得到，搖起來都會響，也不需要電池。

說來說去，矽谷的野性和乾旱脫不了關係。我家院子的浣熊、野兔，隨著不下雨的天數而增加，也看過鹿來吃前院的嫩草，山上顯然找不到這麼高檔的食材。這種畫面剛開始會令人欣慰，可若從食物鏈的角度思考，螳螂後面跟著的，更大尾。

IV
驚奇矽谷

上山找尋「視窗桌布」的三月天

每年淡淡三月天那幾個禮拜，我都忙著上山找尋視窗ＸＰ桌布。如果用過視窗ＸＰ，你應該知道我在講什麼。

自從十年前意外發現第一個足以媲美視窗桌布的畫面，我就經常利用初春那短短幾個禮拜上山蒐集，幾年下來蒐集了不少私密景點。這些地點有些很平常，登山客也不少，只不過一般人都汲汲營營爬山，很少想到順便找尋「桌布」。有時候所有條件都齊全了，只要肯爬上另一個山頭換個角度，就會看到那一張張滿滿的驚奇。

初春的矽谷除了草原還有遍野的野花。野花似乎知道要躲藏在人們的視線範圍外更有身價，低調地躲在山後剛好讓你看不到的地方，只有靠著無聊和好奇才找得到。野花同樣消逝得非常快，因此每年春天就是我最忙碌的時節：一邊咬牙切齒忙著準備報稅資料，一邊忙著利用每個周末上山，一天都不敢浪費。

先談談微軟的桌布，再談我的桌布吧。

視窗XP桌布

人類史上瀏覽次數最多，總瀏覽時數最長的照片，應該就是微軟的「視窗XP桌布」了。全世界可能有幾十億人看過它，年紀只要是二十五歲以上的人，都可能曾經每天花好幾小時和它共處。這張照片幾乎存在於全球每一個辦公室的每一張辦公桌上和每一個家庭書房裡長達十年。

視窗XP桌布最特殊的就是它的圓坡、綠草、藍天、雲朵，以及與陽光交錯的雲影。很多人都說，只要看過一眼就永遠不會忘記這張照片，因為它給人一種「夢境般的平靜」。第一次看到那張桌布時，我就想知道那神祕的夢境到底在哪裡。

並不是只有我不知道，全世界都不知道。

由於怕到此一遊的打卡照在網路瘋傳，破壞了桌布的價值感，微軟一直沒有對外公布實際拍攝地點。網路上謠傳四起，有人說是在蘇格蘭拍的，有人說在愛爾蘭，有人說在紐西蘭，反正有「蘭」字的地方，除了宜蘭，大概都曾入圍。也有人指證歷歷說照片是合成的。

這個神祕地點隱藏了好幾年才曝光，沒人想到它竟然源自矽谷——說得精確些是舊金山灣區的北灣，而且完全沒有動過手腳。

根據維基百科，那張照片是一九九六年由《國家地理雜誌》的攝影師所拍攝。當時他正要開車去舊金山以北四十五分鐘車程的索諾馬（Sonoma）見女友，意外在路邊看到了那個綠草坡畫面。

索諾馬位於酒鄉，山坡地多半已開墾成葡萄園，開車經過這片尚未開發的處女綠地時，他決定停下來照張相。就在按下快門前幾秒鐘，白雲的影子和陽光剛好交錯在山坡上，瞬間印出兩種不同層次的綠色，使得照片又加上一筆橫上開花的珍貴。這臨門一腳的奇妙，攝影師完全料想不到。

二〇〇〇年，微軟視窗開發小組看上了這張照片，決定高價收買。照片實際成交價格外界並不清楚，一般猜測在二、三十萬美元上下，應該也是有史以來成交價第二高的照片。

既然照片來源和矽谷有關，成就該照片的幾個因素我可謂了然於胸，需要太多的偶然才能湊合在一起。

首先是綠。

同一個地方在不同的時空條件下，那個畫面都不可能存在。拍照地點既是北灣內陸，矽谷內陸的綠——尤其是那種濃濃的綠，非常短暫，大概只在冬雨豐潤後的三月中才會出現，通常僅停留兩個禮拜。十二月到二月之間的綠帶著一絲令人惋惜的淡黃，是發育不良、耐心等待東山再起的綠；過了四月，草地會慢慢變枯；到了夏季，那就是面目全非、慘不忍睹，如果在夏秋兩季來矽谷，從舊金山開車往東，可能三個鐘頭之內都看不到一絲綠色。

總之，不要小看這麼平常的一個綠，在矽谷，那得看季節和運氣才碰得上。

左頁的照片是同一年同一地點分別在三月和七月拍攝的。上圖媲美視窗桌布，下圖任誰看了都會同意我說的「面目全非的失望」。

要解釋這種翻臉不認人的綠和黃，得先介紹一下矽谷獨特的氣候和地形。

矽谷是個山谷，左右兩邊都是山脈，中間三分之二的領土則被舊金山灣占領。從阿拉斯加沿著北美大陸西岸而下的洋流是北半球最著名的一道天然冷氣，想知道這條洋流

多冷的話，若有機會在盛夏前往舊金山玩，只要到海邊把腳泡進海水裡，立刻就會知道答案。這道天然冷氣的支流從金門大橋下方流入舊金山灣，免費調節了矽谷的氣溫，讓這裡很少出現酷熱的日子。另一方面，矽谷夏天的免費冷氣就到東側的內陸山脈為止。跨越了內陸山脈，溫度差異可能高達攝氏二十度。

矽谷每年從三月到十一月幾乎不下一滴雨，西側的海岸山脈受太平洋溼氣保護，一年四季都能維持著茂密的森林；東側的內陸山脈距離海岸太遠，溼氣不足，沒有樹木，只剩草地。這些草地每到夏天放眼全是一片枯黃，向內陸綿延幾百公里看不到邊際。

矽谷的冬雨大概只有三到四個月，從來沒有放棄生存的枯草會趁這段時間改頭換面，到三月底，下一個乾旱期來臨之前，就是它們欣欣向榮的最高峰。說來也可憐，過了三月，它們又得面對長達八個月的枯黃。

三月，對草地和對找尋視窗桌布的人來說，都非常重要。

接下來是雲。

矽谷是一個很少看到朵朵白雲的地方，只要不是陰雨，天空永遠一片蔚藍。白雲和蚊子一樣，必須有適度的溼氣滋潤才能生存。沒有蚊子的地方，自然也不容易看到那種令人只想度假的白雲。有時候軟綿綿的草坡完全具備了視窗桌布的背景要件，但整整幾

個禮拜天空沒有一片雲。當雲出現的時候草也枯了，下次草再綠還要再等一年。

即使有了朵朵白雲，雲還要夠低才能呈現漂浮在草坡上的親密感，才能在草坡上印出斑駁的陰影，製造出奇妙感。否則白雲是白雲，草地是草地，大家都只是美麗的背景，畫面仍舊沒有主題。

有時候天空突然飄來夢寐以求的白雲低空掠過，低到跳起來都摸得到似的，一片片飄來的棉花糖和軟綿綿的山頭就這麼直球對決撞個滿懷，雲就是要這麼低才有氣質！但假若此時陽光角度不對，白雲無法在草坡上留下雲影，可能是在遠方一頭正在吃草的牛屁股留下一團陰影，那就會像上圖一樣可惜。

第三個要素是軟綿綿的草坡。

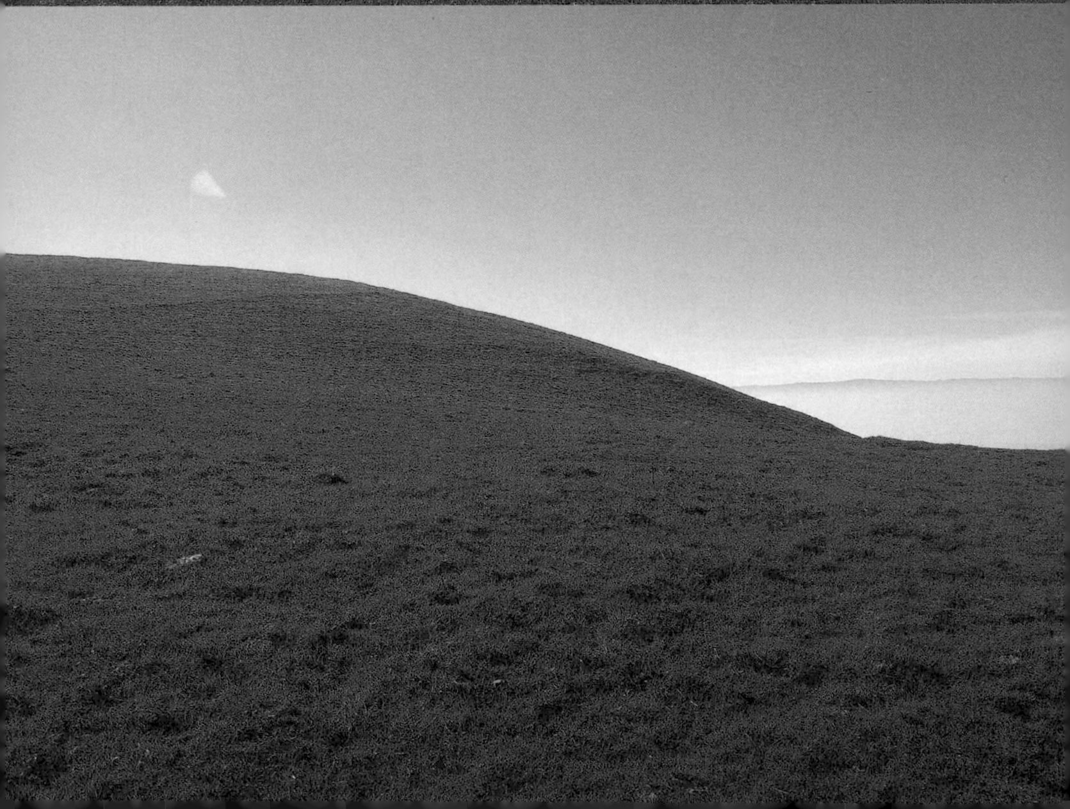

視窗桌布的主角完全在於那令人充滿遐想，讓人看了就想躺在上面大做白日夢的草坡。這個草坡一定要純、要淨、要柔、要有弧度，一眼看得出纖維感，視線範圍之內不能有其他雜質干擾，甚至最好具備高爾夫球場那種人工刻意培養出來的虛假和一致，如此才能帶來夢境般的平靜與幸福。但大自然很少見到這樣的一致性。

陽明山的擎天崗和它有點類似，不過擎天崗放眼望去難免出現些許芒草和雜樹，草地沒有那麼均勻濃密，天空很少這麼藍，山坡也沒有那麼圓潤。這些年又加上過多的地面設施，難免破壞了夢境的感覺。

拋開上述種種條件，滄海桑田物換星移才是改變地貌最大的因素。視窗桌布同一個草坡在十年之後已開發成葡萄園，即使所有的條件全部成立，經典畫面永不可能重返。今天如果千辛萬苦找到原版拍攝地點，拍下的會是一張枯黃的葡萄園。

比原版視窗桌布光榮的是，我所有的桌布都不是開個車就隨隨便便看得到。我的蒐集還有小湖襯托，其中有幾個必須翻山越嶺，騎上個把小時的登山車，這些種種讓我深信，知道這些私密桌布的人應該不多，至少很少人像我這麼無聊。

只不過蒐集了好幾年，很難再找到新貨源，今年再上山時我並沒有抱什麼希望。唯一不同的是我決定私闖禁地，那一道沒說明原因的鐵絲網對我來說就是一封私密的邀請

異類矽谷 …… 202

函，我打算扛著單車翻過鐵絲網去看看。

但我只看到綠草如茵，沒有想到牛。

山的這一邊住了很多牛，牠們只管吃不管事，讓我想起等退伍那段令人難忘的日子。這些牛看多了登山客人來人往，也習慣了被人當作免費的自拍背景，見到人完全沒反應。這裡的牛列為保護，完全不必擔心會變成牛排，不管肉質看來多嫩。

那道我必須翻過的鐵絲網就在牛身後，好在即使扛著單車從牠身上跨過去，我相信牠都不會有意見，見過世面的牛就是這麼成熟穩重。總之，我在盡量不羞辱牠的狀況下推車繞過，再翻過鐵絲網進入私人領土，繼續我非法的探索旅程。

翻山越嶺騎了大半天後，我像平常一樣遇到一群專心嚼口香糖的牛。正打算通過時，一個英勇的雞婆突然站出來擋住去路，堅定地看著我。鐵絲網這一頭的牛沒見過人，也沒見過世面，所以才這麼大驚小怪。我繼續前進，希望牠能習慣這世界有和牠不一樣的動物。

可是那頭牛繼續慢慢向我走過來，一副準備迎戰的姿態。我下車盯著牠看，還是希望牠能接受我的存在。我們對峙了一分鐘，那天很冷，我看到牠的鼻孔在陽光下冒出蒸汽，前蹄還不停在地上摩鞋子，和卡通片描述的一模一樣。我不免開始想像那個鼻孔的蒸汽噴在臉上的感覺。

今天不可能就這樣賓主盡歡地騎過去了。

我不想走回頭路，扛起車，爬上右邊的山坡想繞過去。右邊的坡很陡，不是被逼到走投無路的人不會出此下策。繞過後正打算回到路上，三十公尺外的路徑上又冒出了第二隻牛，興致高昂一路叫囂著慢跑過來，像個極度渴望迎接一場肉搏戰的陸戰隊新兵。

我這才知道，牛群有組織，可能也練過，過了這個彎後面有多少還不知道。就像電玩，過了一關還有下一關，後面有幾關沒人知道。我今天很可能都會卡在這裡打電玩，就算最後贏了也會累死。

我被逼著退回山坡，扛著車一路繼續往山頂爬，試圖翻過整個山頭，到了山頂再另謀出路——穿著像鐵殼一樣完全沒有抓地力的卡鞋。這種鞋的設計只能用來騎車，不能用來走路，也不能用來逃亡，更不用說是扛著車子爬山逃亡。

我最大的恐懼是，如果牛群認真追上來，那我就會淪為扛著一輛很貴而捨不得丟棄的單車和兩隻牛比賽爬山。那畫面非常愚蠢。

生平第一次被牛逼上梁山，一路深覺窩囊，嘴裡不時大聲咒罵。爬到半山腰累了，我停下來回頭看，期望牠們虎頭蛇尾草草收場。動物們通常只要先敷衍給足面子，後面隨便給個台階立刻就會下。但這兩隻牛不懂鐵絲網外的人情世故，一心想確定我爬上梁山山頂。

沒見過世面就是這麼難纏，動物和人都一樣。

辛苦爬上山頂，還來不及喘口氣喝口水，第一眼看到的就是一張微軟的桌布大方地等著我。回頭大聲謝了那些沒見過世面的牛，我在山頂的草原上足足躺了二十分鐘，讓太陽把屁股晒得熱熱的才繼續找尋回家的路——有幾座山要翻。

想不到口袋裡意外多了張桌布，該感謝的竟是兩隻沒見過世面，硬把我逼上梁山的牛。

矽谷有一座長城？

沒錯，矽谷也有個長城，而且可能在那兒靜靜躺了千百年，只是問遍所有矽谷人，不管在這住了幾輩子，統統沒人聽過。

我算是個喜歡到處探索新鮮事物的人，那些沒人知道的地方都去過，而且會留意不尋常的小事，哪天即使發現墜毀的飛碟應該都算合理回報。只是我從沒想過，矽谷的山上竟然躺著一道沒有人知道的祕密，每天都與我們的科技擦身而過。

第一次聽說這道長城也不過是幾個月前的事。

那天我在網路上不小心看到這一則小小的報導從螢幕上滑過，再不小心一點就會和這個重大祕密失之交臂。這道長城有好幾段遺址，距離登山健行路徑都不遠，卻剛好巧妙地坐落在一山之隔那些不會有人去的地方，即使經過，如果沒有特定目標，如果沒人告訴你，如果不曉得故事背景，那些斷垣殘壁只不過是人們視而不見的一堆亂石。直到二〇一五年前後，這道長城才出現在一些名不見經傳的網站上——以矽谷的文明史來說就是臉書創立十一年後，不難想像到底有多少人知道這祕密。

自從聽說這件事之後我就難以忘懷，距離這麼近的神祕可不能聽說就算了，一定要親眼看看。由於沒有任何文獻清楚記載確切位置，我只能借重矽谷科技，用 Google Earth 在天空中翱翔，找尋山上那些不屬於大自然的線條，然後像老鷹一樣俯衝下去探個究竟，再翻轉畫面，從不同的高度和角度驗證。花了一整晚，真的讓我找到了多個可疑目標。

在電腦螢幕上看到那些線條時，我不禁打了個哆嗦。莫非矽谷真有這樣的傳奇？為什麼從來沒人談論過？

找個周末印了地圖，背著背包帶夠了水，我決定上山去印證這天大的祕密。

那天很熱，在永無止境的上升山徑走了兩個多小時，我看到了大型動物的大腿骨，卻沒碰到任何其他有體溫的生物。就在快要懷疑傳說的真實性時，山徑轉了個彎，看得到更遠的山頭了，我也起了雞皮疙瘩。前方山頭上，真的有一道黑色的線條翻山越嶺而來，Google Earth 沒騙人，網路上的傳言也沒騙人，我嚇到有點不知所措。

爾後幾個鐘頭，我像個考古學家，沿著斷斷續續的長城摸索來龍去脈，找到了散布在幾公里長山頭上的多處斷垣殘壁。這些殘壁有些和人一樣高，有些不到一公尺，不過毫無疑問都是人工一塊一塊堆疊上去的，那份斑駁告訴我，它們的歷史絕對久遠到超出想像。

我甚至看到了兩顆三、四公尺高的巨石，如果能爬上去，就可以看到特斯拉、臉書、Google 和蘋果。蘋果剛剛發表了 iPhone13，全世界媒體都在報導，山上的傳說則一直靜靜地與科技巨頭們遙遙相望，無人知曉它的存在。

聽說過一個傳奇，和親眼看到傳奇，那是截然不同的震撼和感動。

花了兩天共十小時，我找到了大部分肉眼所見的長城遺跡，照足了照片，回家開始研究這祕密，總覺得該替這被人遺忘的歷史討回一些公道。幸好網路上總有些淡淡的記載，我並不是那麼孤獨。

綜合網路資料，這道石牆從北端柏克萊沿著矽谷東灣山脊一直向南延伸到聖荷西，總長近一百公里，現在僅剩幾小段斷垣殘壁。至於是誰建造的，什麼時候建造的，以及為什麼要建造，統統沒有記載也沒人知道，一切只能靠猜測。

網路上列出了所有可能建造長城的民族，包括一八五〇年後的淘金客、早期的西班牙傳教士，以及更早的原住民。西班牙傳教士說他們來的時候長城早已在那兒，矽谷的原住民，大約距今一萬年前從中亞穿越白令海峽進入北美的「阿龍尼族」也說長城一直在那。若再往前推算，就會扯到神話和外星人。莫非是史前遺跡？

網路上的確出現了神話版，說長城由傳說中的「慕族」建造。慕族來自消失的「慕島」，那裡有和亞特蘭提斯同樣的古文明，不同的是慕島位於太平洋上，慕族則早在兩萬年前就已登陸美洲大陸。

一九〇四年《舊金山紀事報》刊載了一篇文章，有學者認為柏克萊山上埋有史前文明遺跡。同一年，某位柏克萊大學東方語文教授宣稱，這道長城是蒙古人建造的。既然兩種說法都和柏克萊扯上關係，至今也有人沿用「柏克萊神祕長城」之名。

當然也有人嘲笑種種大驚小怪，說那根本是加州淘金客建造的，目的是圈地牧牛。所有的神祕在過去都是口耳相傳，直到一九八〇年才出現首次實地勘察與相關記載，二〇一四年才有學者出面要求政府把遺址規劃為古文明保護，網路上也才開始出現討論文章。現今網路上的文章多出現於二〇一六年後，以矽谷的歷史來看，那是不可思議的昨夜。

不過所有資訊中，最勁爆的是二〇二一年播出的「歷史頻道」專輯報導，主張長城是鄭和建造的。歷史學家們從北美洲出土的文物中做出了新推論：鄭和比哥倫布早六十年登陸北美大陸。明朝是建造萬里長城最輝煌的時期，他們認為鄭和發現新大陸後，很可能會用最簡單，也最代表大明帝國宣示主權的方式，沿著山脊建一條迷你長城。

這種說法的確極具戲劇張力，只不過親眼看到那些石頭的我很難同意。那些石頭沒有水泥做接著，並不符合建造長城的科技。也因為沒有水泥，矽谷長城消失得非常快。我可以接受鄭和比哥倫布先來到北美，但矽谷長城和這件事畫上等號有點太牽強。我不覺得鄭和會無聊到在北加州建一道四不像的迷你長城。

一八五〇年後加洲淘金客為了圈地牧牛而建長城，我同樣很難接受。那是已經有火車的年代，牧牛大可用鐵絲網圍籬，不會有人笨到用孝行感天的史詩方式，把幾萬顆和籃球一樣大的石頭搬上山頂就為了圈牛。

看到長城九十九%以上都已消失，看到石塊上長滿了斑駁的地衣，看到石塊的地基深深埋入泥土之中，看到兩大塊至少幾十噸重的巨石，矗立在放眼完全沒有石頭的枯山上，我懷疑矽谷長城的歷史遠在千年以上。就像復活節島的巨石像，也像英國的巨石陣，都是我們未知的古文明遺跡。

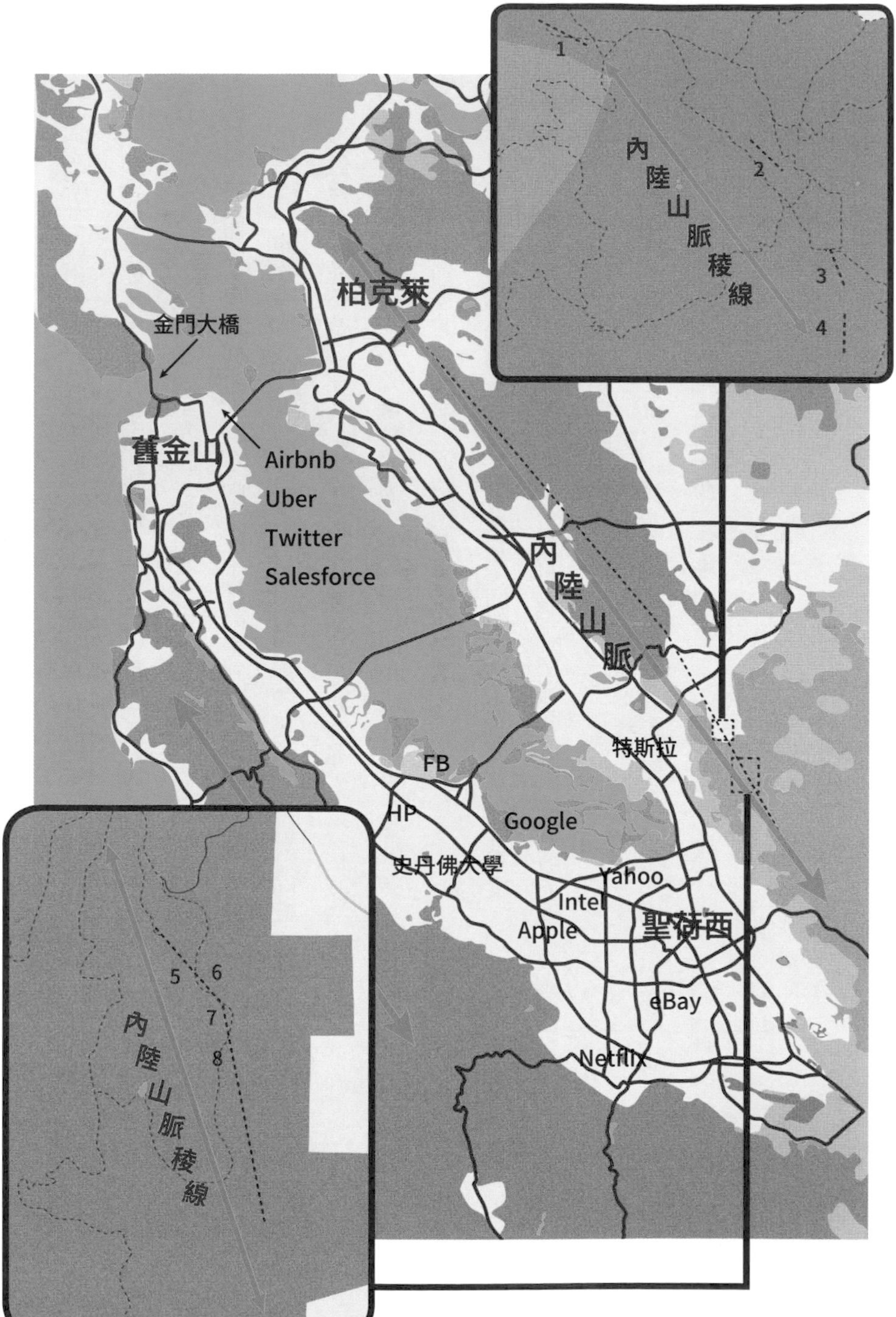
1
2
3
4
內陸山脈稜線
柏克萊
金門大橋
舊金山
Airbnb
Uber
Twitter
Salesforce
內陸山脈
特斯拉
FB
HP
Google
史丹佛大學
Yahoo
Intel
Apple
聖荷西
eBay
Netflix
5
6
7
8
內陸山脈稜線

內陸山脈右邊的虛線即是傳說中的長城所在地。現今可見遺址主要分為兩處，相距約四公里。

從空中看長城遺跡

8

6

5

7

鳥瞰現存最完整的長城遺跡（編號 5 到 8），粗淺估計全長約兩公里。

所以，是的，矽谷有一道長城；而且，是的，山上還留著斷垣殘壁。

那天照完相要離開時，我終於看到了第一個登山客。忍不住攔下他，問他知不知道矽谷長城，他回答從沒聽過。我指著山頭上那道遙遠的石牆，告訴他一定要認識一下這祕密。他大吃一驚拿出手機開始記錄，並說回去要搜尋一下。我很高興讓另一個矽谷人也感到詫異，也很高興讓一個山上的陌生人知道這祕密。

也許我們永遠不會知道是誰建造了長城，也許媒體永遠不會對這話題感興趣。在矽谷，科技是唯一的舞台，其他話題都會被永久吞噬。古老的傳說只能靜靜躲在山的背後，繼續看著蘋果每年推出新機種，繼續看著世界爭先恐後討論微不足道的新規格細小差異，沒有人在乎為什麼這裡會出現長城。

矽谷牛仔來牧羊

矽谷和世界其他任何地方一樣，都需要三百六十行的人。位於矽谷精華地段的小鎮科瑪（Colma）有七成居民從事墓碑和棺材業，看似和矽谷極不搭，令人吃驚，但並不令人費解。這是供需問題，矽谷人同樣有死亡的需要。如果你問一個矽谷人的行業，他回答墓碑設計，你會吃驚又很快理解，將來說不定還需要他的服務。

第一次碰到矽谷牛仔的時候，我不但吃驚，而且費解。

當時我沿著河堤騎登山車，那傢伙以帥到不行的姿態騎著馬，趕著幾百頭山羊穿越車道，走向河邊一大片草地。就像在美國等平交道一樣——美國的貨運火車如果到了台灣，很可能車頭進了下一站，車尾還在上一站——我耐心等候著幾百頭羊通過。擋住我的去路，他並沒有很深的歉意，反倒是那隻在後頭驅趕的牧羊犬很抱歉地督促那些邊走邊吃的羊，要牠們識相點快快通過。

我身邊的工程師除了游泳之外，不分場合幾乎都穿登山鞋，養成了我常從腳開始評斷一個人的戶外活動專業度，也將反映他在我心目中的社會地位——抱歉，這是在矽谷養成的壞習慣。

這位牛仔穿的是有馬刺的靴子和那種在農場幹活的牛仔褲，上身是已經褪到看不出真正顏色的襯衫，那件襯衫也許從第一天開始就這麼舊。既是牛仔，襯衫就得配花格子，外面就得加一件皮背心。當然，牛仔標的物還有那頂西部牛仔帽。這年頭很多攀岩、騎馬、滑雪之類的戶外活動都開始戴安全帽，畢竟最安全、最實際，但牛仔就是要酷，不能迎合潮流，西部牛仔帽是憲法，即使在矽谷也不能改變。想像一下，如果一個帥到翻的西部牛仔戴的是安全帽，那畫面能看嗎？

山羊火車通過了，我卻不想過平交道，認真停下來欣賞這幅矽谷奇景。

幾百頭羊就像一群家長放手不管，隨他們衝進糖果店的小孩，我從沒看過任何動物如此渴望那麼無聊又難吃的食物。在山上經常看到牛吃草，但那就像嚼口香糖，只是為了打發時間，是一種無聊下的順便。我可以理解把草當作美食本來就有點變態，淡然處之的確是種優雅。可是看看這些爭先恐後搶食物的羊，清境農場的羊絕對不會這樣。這是我的第一個費解。再來，那條河的兩岸是公共地，不應該被拿來當作自家農場，為什麼會有幾百隻羊出現在這裡？這是我的第二個費解。

沒想到那只是開始。爾後幾個月，我在不同的山野間又碰到了這位牛仔好幾次。最後我忍不住上前攀談，原來他受雇牧羊，晚上就睡在露營拖車裡，不遠的樹林裡的確有輛拖車。

我有太多的疑問，可惜溝通

困難，也知道不可能期待他回答那麼多的為什麼，便把一切留給網搜。原來矽谷不但有牛仔這種工作，也有牧羊業，更有與眾不同的「打工的羊」。不要小看這些羊，牠們不是在吃草，而是在上班，而且竟然是為了大家的安全。

矽谷牛仔

整個矽谷從事職業牛仔的應該只有屈指可數幾個人。山野牧羊是艱苦又專業的工作，和在農場養綿羊完全是兩碼事。這些牛仔多半來自南美，以季節性移工簽證進入美國工作，一次工作兩年，長期住在露營車內，帶著幾百隻羊隨著合約移動。這種技術白人牛仔可能有，但這種苦他們吃不了。露營車住個兩天很新鮮，住兩個月會抓狂，住兩年只有故鄉有妻小靠你養活的人才撐得下去。

媒體訪問了一位來自秘魯高山的原住民牧羊人，在山上趕羊過日子是他們從小磨練出來的。來美國是為了淘金，賺的錢全部寄回家。來矽谷之前，他在內華達州荒野幫人牧羊。我也在河邊碰過這位受訪的牧羊人並試圖和他交談，只是不管我問什麼，他都笑著回答「秘魯」。

那次剛好碰到羊收工，在最不可能的地方看到下班「車」潮。早先認真想過幾百隻羊要如何收隊，沒想五點一到，他吹了聲口哨，兩隻牧羊犬立刻跳出去趕著羊群朝宿舍推進。任何發號施令的動作都一定要帥，也是身為牧羊人必須學會的專業，畢竟牧羊犬全在幾十公尺外閒著，你不能吹一個不癢不痛的口哨，牠們才懶得理你。

當時有三隻牧羊犬，只有兩隻急著幹活，另一隻則亦步亦趨跟著主人的屁股走，或許牠的職位比較高，或許這是牠的行事風格，但這時我才真正了解「走狗」一字的由來，也想起過去某些共事的同事。

牧羊人的責任就是二十四小時看好羊。不管羊在上班或下班休息，他都要用太陽能電網把羊圈好，一來防止羊落跑，二來防止山獅和土狼入侵——這裡隨時都有幾百片頂級羊排等著。山羊落跑如果在內華達州荒野也就算了，如果發生在矽谷，很可能流竄到高速公路或捷運鐵軌上，將擔負嚴重的法律責任。我曾碰上大塞車，後來才知有羊群上了高速公路，當時還以為是某家農場落跑的羊。

這些外來移工在美國所有的一切就是拖車、牧羊犬、馬、帥到不行的牛仔裝和幾百隻羊，日復一日，夜復一夜，直到合約結束。在矽谷常看到的工作簽證幾乎都是H1－B，那是工程師們走入矽谷的第一個里程碑，從來沒想到牛仔也能拿一種叫H－2A的工

下班的羊

作簽證，在矽谷帶著羊群趴趴走。

打工的羊

再來談談主角，羊。

這些山羊來頭可不小。想在矽谷打工，態度要正確，血統還得純正。牠們是來自西班牙跨種交配的專用除草機，什麼都吃，有「鐵胃」之稱，從襪子、褲子、汽車牌照到空罐頭都不挑，對所有能夠放進口中咀嚼的物品都充滿好奇。

工作內容嘛，就是不停地吃。牛雖然也不停地吃，但眼中看不出一絲對工作的熱情——如果你想體驗那種眼神，到加州監理所走一趟立刻了解。一般綿羊和牛只吃眼前的食物，而且只挑嫩的、軟的、好的，連一步路都懶得移動，所以清境農場的羊就像在度假，牠們就是要讓人羨慕那等悠閒。這種工作態度在矽谷不可能生存，如果讓股神巴菲特選擇，他會毫不猶豫選擇西班牙山羊，因為他說他雇用的人可以不必聰明，但對工作必須充滿熱情。

我見識過西班牙山羊的工作態度，完完全全就是一擁而上、爭先恐後搶頭香幹活的矽谷式：當牛仔打開電網讓羊群進入下一個食堂時，只見牠們用衝的，迫不及待，口中還帶著喜悅的歡呼。你聽到的咩咩羊叫聲，翻譯成中文就是「我要！我要！」。

看看那些令牠們激情的食物，其實全是牛和綿羊不屑一碰、難以下嚥的枯枝，而且愈乾、愈硬、愈難吃，牠們愈興奮，但這些食物明明只比螺絲釘稍微高檔一點點。從覓食的角度來看，你會吃驚；從工作的角度來看，你會感動。

一隻西班牙山羊一天能夠吃掉體重的二十五%，相當於我每天吃下二十碗紅燒牛肉麵，扣除睡眠時間，等於每四十五分鐘就吃一碗麵，若轉換成工作態度，怎麼可能不叫人感動？

當然，雇用牠們不用付薪水，不用擔心健保福利，不用對抗工會，不用擔心周休二日，也不用擔心身分。唯一要做的就是三餐提供垃圾食物，以及由通電鐵網圍出來的員工宿舍。更令人感動的是，牠們不需要喝水，晚上絕對不吵鬧，幾百隻羊晚上就地入睡，連鼾都不打，保證比一隻喋喋不休的台灣蚊子都安靜。這樣的員工上哪找？

有機式除草

為什麼這個新行業會在矽谷爆紅呢？

放羊吃草是聖經裡就存在的行業，近幾年之所以突然在矽谷大爆冷門，全和氣候變遷與加州連年野火有關。這群山羊的真實身分是打火弟兄，牠們的責任就是把所有的枯草吃掉。

美國什麼都分本地與外來。真正覆蓋地面的本土原生植物由於結構緊密，其實並不容易燃燒，樹林裡夾雜的外來間生植物才是加州野火的幫兇。這類植物最常見的高度大約三十公分，除了會在進入春末時枯死成為上等燃材，間距也剛好適合野火傳播。這就像地毯本身不容易燃燒，地毯上的家具卻是很好的媒介。這些外來物種在美國落地生根後，生長得特別快速，往往搶走本土植物的養分，造成它們的枯死。

由於野火燃燒的主要媒介都是這些獨立的外來植物，防止森林野火最重要的第一個步驟自然是加以剷除，讓樹木與樹木之間沒有傳遞火苗的藉口。

然而，選擇性地剷除這些一尺高的獨立枯枝又不傷害底下的原生植物，以現今的科技來說，竟然難以有效執行。馬斯克可以發射人造衛星，貝佐斯可以把自己送入太空，但他們未必想得出一套有效的選擇性除草方式。

出動推土機？那將是原生物種與外來物種的玉石俱焚，若碰到陡峭的山坡地，推土機同樣沒辦法；選擇性地用化學藥物各個擊破？那會造成嚴重的環境汙染；用手動式除草機？除了太沒效率，除草機製造的噪音和碳排放，以及工資與保險都將製造額外的問題。而且不管用任何方式除草，最後仍然必須清除殘渣，否則就是製造更多的上等燃料。最危險的是，除草機葉片打到石頭磨出的火花，可能造成森林大火。

不如回歸自然，用最有機、最環保的原始方式解決，出動山羊部隊。

山羊大軍

關於羊，如果動用原生部隊，美洲的本土山羊只習慣吃本土原生植物，會自動跳過那些外來枯枝，完全適得其反。大自然的偉大就在於它永遠能夠找到平衡，美國大部分外來植物都來自歐洲，所以最快的破解方式就是用他鄉部隊消滅來自異地的敵人，這就像台灣人到了海外仍舊處心積慮找尋台式食物一樣。

這種創意不需要等矽谷，早在二十世紀初期就有人從西班牙引進了鐵胃部隊剷除外來物。這一套除草方式近年在矽谷爆紅，可說是氣候變遷和連年的加州野火所促成的。

事實上，每次發生森林大火，比起滅火，第一線打火弟兄主要是斷火，可燃物不是森林裡的樹木，不是覆蓋在地上的植物，而是那些一尺高的外來野枯枝，也就是西班牙山羊的原鄉食物，非常有在他鄉嘗到媽媽口味的情懷。

兩百隻山羊部隊每天可以清除一畝地的枯枝，相當於一千兩百坪，而且不管地形再惡劣，山坡再陡峭，工作態度永遠是至死不渝。大軍過境之後，地上不會留下任何殘渣，唯一留下的就是排泄物，剛好可做為原生物種的肥料。這些山羊大軍在大自然巧妙的跨洲平衡法則之中，找到了矽谷最令人感動的工作，靜悄悄地用最有機、最環保、最安靜、最經濟的方式幫忙森林防火。這是矽谷精神的極限。

二〇一九年洛杉磯郊區的雷根紀念圖書館附近發生森林大火，當局早一步雇用山羊大軍吃光了附近的外來野生植物。野火燒過來時，明白沒戲可唱，只好繞過圖書館，繼續原來的旅程。山羊成了偉大的打火弟兄。

也許你會問，這些山羊是否有其它經濟價值。答案是當然有。在秋冬兩季沒活可幹的時候，牠們可以回到農場收費讓孩子們擁抱，你也可以透過經紀公司選一隻可愛的小山羊，掛上生日快樂或新婚誌喜之類的問候語，請牠們拍一支一分鐘的短片放在

YouTube上獻給朋友。既然都到了矽谷，自然得順便實踐一些矽谷式思維。

那還有什麼經濟價值呢？有些東西不好當著牠們的面說，不過你也知道，羊排挺貴的。美國的回教徒和猶太教徒的肉源與傳統屠宰場的肉源完全不同，仰賴的就是這種獨立的家庭式牧場。

矽谷近年悄悄開始流行「真誠的肉食主義者」。這些人愛吃肉，也堅持吃肉，但他們有一個法則絕大部分人都不可能執行——想吃肉就應該親手宰殺牲口。臉書的祖克柏就執行過這種生活方式。

我不知道祖克柏持續了多久，但至少二〇一一年他定下的志向就是做一個真誠的肉食主義者。那年五月他親手在後院殺豬宰羊招待朋友，並在臉書貼文分享。此處的「殺豬宰羊」不是張燈結綵之類的形容詞，而是實際發生的事，祖克柏在後院親手殺了一隻豬，宰了一頭羊。這種特殊市場其實也可能成為退休員工人盡其才的最終去處。同是矽漂族，也許我比牠們下場稍微好一點。

下次如果在矽谷的山邊或溪邊看到西部牛仔和成群的山羊，別忘了他們也是矽谷人，同樣在矽谷工作。那是一個獨特的行業，而且把矽谷式工作熱忱與創意發揮到了極致。

金門大橋，請閉嘴

去過舊金山的人一定會順道造訪金門大橋，而且是落地後不管多忙多累第一件要做的事。金門大橋破了很多世界紀錄，其中一項紀錄少有人知，也是本篇主題。除了這項紀錄，金門大橋還有很多一般人不知道的事，連在舊金山住了一輩子都不見得知道。

二〇二〇年疫情來襲全面在家工作的第三個月，舊金山仍處於全封狀態，看著假期累計即將破表，我請了一天假帶著折疊腳踏車去舊金山，打算騎過橋到對面的 Sausalito 消磨大半天。記得那天是六月五號，會記得這麼清楚是因為這個日子很特殊，就是這一天，人們意外發現金門大橋一夜間又創了一個世界新紀錄。

金門大橋是南北走向，橋的左右兩側都有人行專用道，面對舊金山市區那一面的東側人行道開放給觀光客步行；面對太平洋那一側的西側人行道則是單車專用。那天騎車要上橋時看到左邊的單車專用道完全封閉，橋頭告示說施工。當時有點困惑，不知道該就這麼回家算了，還是借用右邊的人行道。攔下一位工程人員想問個清楚，無奈施工機器聲實在太大，即使大聲嚷嚷也無法溝通，最後他只能比手勢叫我走右邊的人行道。

金門大橋經常維修，常聽到震耳欲聾的機器聲，但和純機器聲不同，那一天我聽到的聲音宛如鬼哭神號。我不了解世界上為什麼會有這種工程機具，也不曉得什麼樣的機器會製造這麼與眾不同的音效。

在橋上騎車時，奇怪的哭嚎聲鋪天蓋地而來，震得我胸腔微微發抖，連呼吸都有點掙扎，好像世界末日即將來臨。那個聲音沒有可以追溯的特定聲源，總覺得它從四面八方一擁而上把你包得緊緊的，完全掌控肌膚上的每一根汗毛，讓它們無法平靜。如果必須做個比喻，我只能說那就像寒夜獨自走在完全漆黑的森林裡，四周都被黑暗包圍。雖然並沒有特定恐懼的對象，也不知道為何而恐懼，但你就是恐懼。地球上所有人類能夠製造的聲音，沒有一種如此令人感到惶恐，這種音效只有科幻電影裡才聽得到。當時只差沒看到外海湧入滾滾黑雲，射出一束雷射光……那奇特的音效迫使我不停地在腦海中鋪陳外星人來襲的畫面。

平日再加上疫情，橋上幾乎沒有觀光客。通常第一個橋墩附近總有觀光客逗留，那天看到的人卻像在執行任務，很快走過去拍張到此一遊的照片就交差了事。靠近第一個橋墩時，我恐懼得不敢繼續騎下去，哭嚎聲讓我無法保持平衡，最後只好下車用推的。一路推著車逃走時還不停提醒自己保持冷靜，不能被魔音逼到失控，這也才了解為什麼沒有人在橋上逗留。

休完假回家，我繼續跌入線上會議深淵，很快忘了橋上施工的折磨。

三天後看了新聞才知道，那天我聽到的並不是施工機具的聲音。那是歷史性的一天，人們直到那天才發現，金門大橋已經變成全世界最大的風管樂器，而且第一次開張演奏我就搶到頭香。只不過稱之為樂器有點美化它了，也許應該稱為會發出魔音的怪物。

世界最大的雙簧管

要了解金門大橋為什麼突然變成全世界最大的樂器，得先簡單介紹它的地理位置。

去過金門大橋的人可能都上過當：明明是夏天，到了金門大橋氣溫卻一下子掉到攝氏十度。為了一生必須來一次的景點，所有人都在狂風大霧中頂著台北冬天的酷寒，穿著短褲短袖打著哆嗦咬著牙，在橋上拍個照後落荒而逃。這種事在盛夏的舊金山天天重複上演。

美國西岸有一道從阿拉斯加下來的天然冷氣，沿著海岸線南行一路幾千公里都受到海岸山脈的阻擋，無法達成入侵美國領土的願望，直到舊金山灣的金門岬才遇見一完美缺口。三公里寬的金門岬是個敞開的大門，毫不吝嗇地迎接這道冷氣與伴隨它的濃霧，讓它從狹窄的通道湧入，金門大橋首當其衝就在風口上。只要起強風，金門大橋就會跟著輕微搖擺，別忘了它是座吊橋；更別忘了一九四〇年華盛頓州的塔克馬吊橋（Tacoma Narrows Bridge）就是被強風吹垮的。

金門大橋一直有非常嚴格的強風限制，只要風速過大就封鎖，過去也曾因強風封鎖好幾次。三〇年代設計橋梁時並沒有電腦能做模擬測試，相關單位直到二〇一三年才精準算出金門大橋的耐風強度只有時速六十九英哩，那連中度颱風都談不上。

要加強抗風性又不改變橋體結構，最簡單的方法就是降低風阻。我必須承認工程師非常聰明，想出了一個廉價又迅速的方法，那就是把左側靠太平洋的人行道欄杆改成細條、減少受風面，這樣就能把耐風強度提高到時速一百英哩。

時速一百英哩幾乎等同於強烈颱風暴風眼的風速，美國西海岸是個沒有颱風也沒有龍捲風的地方。氣象專家說這樣的風速平均每一萬年只會發生一次，舊金山居民今生今世都可以高枕無憂了。

沒有人想到枕頭是墊高了，人們卻很難睡著覺。

換裝一萬兩千根欄杆的工程始於二〇一九年二月，二〇二〇年六月五號我在金門大橋上那天，工程已完成七十五%。以美式效率而言，這工程進度近乎神速。但也就是那一天，全世界首次聽到已經換裝的九千支欄杆，竟在強風中同時吹奏出半個舊金山都聽得到的樂聲。那場面就像九千支雙簧管齊聲吹奏非常恐怖的音樂，讓許多舊金山人難以入眠。

聽完別人在YouTube上拍的短片，經過仔細分析，我終於知道這聲音為什麼這麼恐怖，不過容我留到後面再解釋，因為那牽扯到樂理。原來大自然也懂樂理。

總之，工程師最擅長的就是解決了一個問題，卻製造出另一個問題。

為了讓金門大橋能夠承受時速一百英哩的強風，工程師們製造出一個失控的超級雙簧管，只要風速超過四十英哩，舉世知名的金門大橋就會發出令人不安的風管聲，搖身成為全世界最大的樂器，而且風速愈大聲音愈大。好比拿著一只瓶子對著瓶口吹氣，愈用力發出的聲音愈大。在車頂裝過車架的人應該都知道，一上高速公路，車頂就會發出低沉的共鳴聲，車速愈快聲音愈大，最後在車裡幾乎無法對話。這就是風管效應，只不過金門大橋的比例是車子的幾萬倍。

除了鬼哭神號，工程師們還製造了另一個意想不到的小問題：只要風速稍強，單車專用道上的騎士就可能被風吹倒。這同樣要拜風阻設計大大成功之賜，不過單車族群是少數中的少數，這問題最後必然不了了之。全球關注焦點仍然停留在失控的魔音上。

我去的那天風速四十三英哩，會發出失控魔音的樂器剛好正式問世，當時半個舊金山都聽得到它的哀嚎。風更大時，甚至連對岸的柏克萊都聽得到，但柏克萊距離金門大橋直線距離可是三十公里。當然，剩下二十五％工程結束後，將有一萬兩千支雙簧管齊奏，場面會更壯觀。

所以，金門大橋抗風的問題解決了，換來的新問題是如何請它閉嘴。

面對問題和抱怨，工程師擅長的第二個本領就是把瑕疵解釋成特色。工程單位立刻解釋這是預料中的事，算是一大特色，要舊金山居民忍著接受全世界最獨特的觀光資源。

一年後，他們又改口說已經開始努力找尋讓金門大橋閉嘴的方法，這同樣是工程師擅長的第三個本領，也就是快速把話題引入專業層面，讓人忘記上半場的硬拗。

這些技巧我都常用。

令人抓狂的不和諧

回頭談一下這聲音為什麼那麼恐怖。

此處牽涉到一點簡單的樂理，不過重點不在樂理，而是為了彰顯大自然的調皮搗蛋，若完全不懂樂理也沒關係，因為這一段分析回答了很多疑問。

我稍微懂一點流行音樂，分析 YouTube 別人錄到的聲音後，發現金門大橋的風管聲最常見的振動頻率是持續的 440 Hz，剛好是A這個音——任何單音本身並不是問題——魔音另一個常出現的伴隨音則是C^{-}。美妙的事情發生了，這兩個音組合起來將是完美的小調和弦 Am（C大調的La和Do）。如果金門大橋可以吹奏出悅耳的和弦，那絕對是破紀錄的觀光資源。但大自然就是這麼調皮，在這兩個音之外，它偶爾會發出B（Si）的音。也就是看金門大橋的情緒，它可能同時發出A、B、C三個音，亦即簡譜上的6、7、1。

這小小的不按牌理出牌非同小可，因為7和1只能為鄰不能共存，它們之間嚴重犯衝。6、7、1三個音緊鄰在一起極不和諧，是所有心智正常的人都不會輕易使用到的Am+2和弦，也是和弦中最令人感到焦躁不安的。編曲時，即使有人使用這種缺德的和

令人抓狂的不和諧

弦，多半只是短暫的過門，後面終究會還給聽者一個明朗和諧的結局。當然，大自然根本不理會這樣的公道，一個勁兒持續不停地提供焦慮，完全不給一個合理的交代，是酷刑無誤。

手邊有鋼琴的人可以試試同時按下靠近中央C的A、B、C三個鍵，體驗一下那種折磨的耳感。然後想像把音量放大幾萬倍，二十四小時不停。

我非常同情舊金山那些被迫聽不和諧和弦的居民，也了解到為什麼那天在橋上特別焦躁不安。至於為什麼大家都對魔音焦躁惶恐的同時，有些人卻覺得舒暢、覺得應該保留呢？差別可能就在那個不和諧的7音量比較弱，距離遠一點或角度不同可能聽不到。如果身臨其境就在橋正中央，絕對是酷刑。

我曾經寫了一封半開玩笑的 E-mail 給設計單位，建議他們如果實在無法解決這困境，不妨順水推舟先消除那個不和諧的音，另外製造一個可以共鳴的音符，成就一個完美的三音符和聲——這會是全世界最獨一無二的觀光資源。我想他們對這個嘲諷的建議一定恨得牙癢癢。

而從音樂角度看待這個問題的，顯然不只我一個。不久前網路上出現一段爆紅的 YouTube 短片，一位洛杉磯樂手找了個萬事俱備也不欠東風的日子，在金門岬口對面的山上以金門大橋做背景畫面，再以大橋發出的聲音為配樂，當場彈奏了一段吉他獨奏，錄製完成了一段創紀錄的演奏會。

我也在想能不能使出矽谷式的創意，把問題改造成特色，起風時自動在橋上播放樂手們配好的獨奏曲，把金門大橋隨風興起地變成世界最大的演奏廳……顯然我太矽谷太幽默，當局也太正常太認真了。橋，就留著讓他們慢慢修吧。

金門大橋鮮為人知的過去

除了這項最新紀錄，金門大橋還有幾項鮮為人知的小過去值得補充。首先是顏色。金門大橋最著名的就是它獨特的顏色，那可是獨家配方，甚至還有個專有名詞叫「國際橘」（International Orange）。

只不過很少有人知道，金門大橋原本並不是這個顏色。如果你覺得現在的顏色根本就是上了紅丹的底漆，答對了！它原本只是用來打防鏽底漆的紅丹，原始設計是深藍色配上黃色的斜槓——看起來就像工廠設備——打完底漆後，總建築師突然覺得紅丹看起來很獨特，決定予以保留，也保留了一個顏色的文化。幸好！

金門大橋演奏會

早期的紅丹底漆含鉛有劇毒，當局為了換成無毒的含鋅紅丹漆，從一九六五年到一九九五年一共花了三十年才改裝完畢，可謂世界最大、最費時的改漆工程。

金門大橋的最大交通承載量是一萬六千公噸，一九八七年慶祝落成五十周年時，橋上摩肩擦踵同時擠了三十萬人，把橋中央的弧線都踩平了。當時的總重量估計超過兩萬公噸，嚴重超載，以致橋面下沉了七英呎並開始搖擺，橋上很多人開始嘔吐，上方的鋼纜也開始抱怨，橋頭卻還有五十萬人尚未湧入。當局當機立斷，封鎖交通，疏散人潮。

事後媒體形容，如果大橋斷裂，那將是人類歷史上最悲慘也最愚蠢的一次人造意外。從此以後金門大橋完全禁止慶祝活動。很多人都很驚訝，原來同樣空間內，擠滿的人比停滿的汽車還重。

全世界最高的四個貨櫃起吊架當年從上海運抵舊金山灣時，運輸船必須特別擇日並在凌晨四點潮水最低時段才能通過，當時吊架頂端距離橋的下緣只有二十二英吋，約莫就兩顆籃球並排，也是歷史上船和橋距離最近的一次。

回到要金門大橋閉嘴這件事，當局終於認真想解決這個問題，在風洞實驗室裡以同樣的鋼材搭了一段實體大小的模型，希望能夠複製問題找尋解套。這也代表，這個全世界最大的樂器不知道什麼時候會突然停止演奏。

如果想親自體驗這個因為工程疏失而意外成就的世紀奇蹟，記得風速一定要在四十英哩以上，風向也要對。最好準備一副耳塞，免得在橋上抓狂。

萬一工程師無法消除魔音，你聽到的又是完美的和聲，別忘了，我那封 E-mail 可能有部分功勞。

舊金山的巡糞員

一場史無前例的「糞戰」

「巡糞員」這個行業的頭銜聽起來好像在開玩笑，很不幸，這並不是玩笑。舊金山女市長倫敦．布萊德（London Breed）二〇一八年上任後正式對外宣布，舊金山要對滿街的糞便宣戰。

這些糞便不是來自貓狗，而是來自人類。出現的地點不是在垃圾場或荒郊野外，也不是靠近廁所，而是舊金山鬧區大街的人行道。

舊金山市政府特別成立了一支「糞便快打部隊」，負責在市區大街小巷找尋人類的糞便，再用高壓水柱清洗。根據《舊金山紀事報》，這個工作的官方頭銜叫做「Poop Patrol」——巡糞員。抱歉，碰到這個字我還真譯不出更忠厚誠懇的中文。不過說他們是巡糞員不如說是尋糞員，因為他們必須深入小巷角落，主動找尋目標。

不要小看這個工作。巡糞員的年薪加上福利與退休金相當於十八萬四千美元。美國公家機關的工作薪水不高，福利與退休金卻相當令工程師們羨慕。

如果有人遞給你一張名片，上面寫著「Poop Patrol」，你可能會笑得躺在地上打滾，但你笑的是舊金山的大不幸，這座以淘金發跡的城市在淘金潮結束一百六十年之後，光天化日的鬧區中，竟然還是有可能踩到黃金。

全美國最美麗也最骯髒的城市

如果去過舊金山，下面這些地方你應該都很熟悉：精品店林立的聯合廣場、梅西百貨、市場大道、纜車起點站、舊金山市政大廳，以及推特總部……今天這些地方都在排泄物淪陷區內。

根據舊金山市政府三一一清潔專線的統計數據，光二〇一八年前半年就接到了近一萬五千通電話，抱怨住家附近的人行道出現人類的糞便。有媒體成立特別調查小組，在城中的田德隆區地毯式巡訪每一條街道，結果在人行道和街邊發現無數施打毒品後丟棄的針頭、吃剩的腐敗食物，以及超過三百件以上的人類排泄物，包括推特總部大門口。

媒體形容，舊金山某些街道的骯髒程度媲美巴西與印度貧民窟。這使得舊金山除了是全美收入最高的城市、最美麗的城市、最開放的城市、房租最昂貴的城市之外，又榮冠了第五項頭銜——全美街頭糞便最普及的城市。

然而這背後代表的，不僅是大家看到單純的衛生問題，而是一場無解的浩劫。

一萬名遊民如廁的難題

近年舊金山遊民數量爆增，總數近一萬人，其中八十%集中在市中心鬧區，與精品店和高科技巨人總部為鄰。遊民每天製造的排泄物也成了無人敢面對的挑戰。世界級的一線科技公司如推特、Airbnb 和 Uber 除了自掃門前雪，似乎也想不出更高明的對策。這是一項科技和創意都插不上手的挑戰。

舊金山為什麼有這麼多夜宿街頭的遊民？

答案非常簡單。舊金山的瘋狂房價已經讓年收入十一萬七千美元以下在這裡就算是低收入戶。舊金山的法定最低工資是每小時美金十五塊，雖然已是全美國最高標準的最低工資法，但這樣的收入要在舊金山生存，必須每天工作十九個小時，風雨無阻全年無休。導致即使有工作但收入太低的人，同樣可能被迫夜宿街頭。

舊金山的街頭一入夜，你會在轉角的大型商業垃圾箱附近看到帳篷和紙箱搭成的另類住宅。遊民可以沒有水，沒有電，不洗澡，可是不能不上廁所。一開始在大街上看到的只會是那些如同難民營的帳篷和紙箱，但排泄物的問題終究也跟著浮上了檯面，讓你走在街上想不看到不聞到都很難，也讓躲了十多年的舊金山市政府必須拿出對策。

令人費解的廁所文化

舊金山是一個幾乎沒有公廁的城市，其實美國其他城市也好不到哪裡去，這是我最不了解的美國文化。

每次到舊金山，最不方便的就是上洗手間，常常為此被迫到星巴克買一杯根本不想喝的咖啡。星巴克的洗手間都上了鎖，想使用得向店員要密碼，而且密碼每天更換。保護得這麼周到，怕的就是淪為遊民的公廁。

當然，一般遊客或市民也可以進百貨公司找廁所。只是即使在百貨公司，廁所總是缺乏明顯標示，而且老愛躲藏在某個深怕讓人看到的角落。有時候問了櫃檯人員好幾次都還在兜圈子。如果英文不好不敢開口，光是問廁所就是一項挑戰。對於無家可歸的遊民來說，進百貨公司和餐廳借廁所都是不可能的選項，這裡所有餐廳門口都掛著「廁所只供顧客使用」。

地鐵站的廁所問題更大。一來廁所在站內，二來通常只有男女共用的一間，有些甚至長年上鎖，原因是怕有人在裡頭注射毒品。就算沒有上鎖你也永遠等不到，因為進去的人就不會出來。有些公園裡的廁所隔間沒有門，並非被拆，而是從來就沒有打算安裝，怕的同樣是有人在裡面施打毒品。美國的廁所文化就是這樣削足適履，令人百思不解。在街頭就地大小便也成了舊金山近萬遊民的唯一選擇。

走在舊金山鬧區人行道上，幾乎所有轉角口的角落永遠都是潮溼的。除非你嚴重鼻塞，街頭到處聞得到尿騷味。比較偏遠沒有管理員的地下停車場情況更嚴重，幾乎所有陰暗的柱子和牆角都有尿液。

如果你必須下好幾層樓取車，將面臨一場進退兩難的挑戰。走樓梯嘛，可能被迫憋氣好幾分鐘不敢呼吸，說不定還會在轉角口踩到在樓梯間睡覺的流浪漢。坐電梯嘛，後果更不堪設想，有些地方的電梯門一打開就是一股撲鼻尿騷味。電梯間成了遊民最私密的公廁。

上下班制的廁所

近幾年舊金山市政府開始在災情最慘重的地區安裝流動廁所讓市民使用。這種歐洲式的自動清洗廁所外觀看來還算典雅，大概有點想模仿巴黎的氣氛，可是同樣的東西搬到舊金山卻面臨了想不到的問題。

很快地，流動廁所遭到霸占，晚上甚至有人睡在裡面，把流動廁所當作免費私人旅館。睡在廁所裡聽起來很噁心，但遊民的世界裡每天晚上都在進行黑暗的地盤爭奪戰。那些適合過夜的黃金地段早就被占了，後加入的只能露天睡街頭。舊金山冬天夜晚的氣溫經常只有攝氏兩三度，找尋任何能夠遮身避雨又能保暖的地方，已經變成求生存唯一的目標。

當然，毒蟲也會在流動廁所裡施打海洛因。這是天下最安全的場所，因為警察不敢侵犯隱私破門而入。市政府不得已，只好在廁所裡加裝針頭棄置桶，以免打完的針頭隨手亂丟，製造更嚴重的社會安全問題，並把廁所改成朝九晚五制，上班時間派人看守，防止只進不出，下班就鎖起來。換言之，問題只解決了白天，下了班以後還是恢復舊制，隨地大小便。

開發中國家的政府提醒人們如廁後記得洗手，但在舊金山，政府提醒人們記得丟針頭——連廁所標示都這麼貼著。

高壓水槍洗刷不掉的社會問題

這些問題起初只是清潔與社會觀感的問題，可是如果一直不解決，就會變成經濟問題。

全世界最大的資料庫軟體公司「甲骨文」已經把在舊金山舉辦了二十年的年度盛會搬到拉斯維加斯。甲骨文是一家血統純正的矽谷公司，如果不是受到客戶強大的壓力和抵制，他們不會做出這樣的選擇。客戶抗議從旅館走到會場的路上竟然看到大便，也有人在光天化日之下施打海洛因，針頭用完就丟棄在人行道上。光是這場年會的出走就讓舊金山每年損失了六千七百萬美元商機。其他幾個大型企業的年度商展未來也可能陸續跟進。

一旦衛生問題變成經濟問題，執政團隊就不能再睜一隻眼閉一隻眼，因此有了巡糞員。

巡糞員是舊金山最新的工作，也是全世界最異類的工作。獨特的工作反映出獨特的問題。這個工作承擔著這座城市最羞辱、最不幸、最沒有人願意面對的一頁。社會唯一能做的就是每天用高壓水槍把它沖走，做到眼不見為淨。只不過大家都很清楚，第二天它們還是會再出現。

這羞辱、這不幸，不在糞便本身，不在那些製造糞便的人，而是在於那個用高壓水槍洗不掉的社會問題，也是科技欣欣向榮之後，必須付出的代價。

矽谷的鬼和那些鬼地方

美國人大部分不信鬼，也不怎麼怕鬼，畢竟這個國家科技昌明太久了。反過來說，鬼對這個國家好像也沒什麼興趣，很多明明該鬧鬼的事情在這裡卻相安無事，很多應該成為鬼屋的地方在這裡平靜到令人失望。久而久之人不怕鬼，鬼也覺得沒面子，即使原本可以有一番作為，最後也不了了之草草收場。

布萊德是我以前的鄰座美國同事，有一次我們聊到矽谷房價，他說他賺到了，幾年前買下一棟遠低於市價的凶宅。前屋主的女兒在臥房內被人殺死，也就是他女兒現在住的房間。他說他不信這一套，住了這麼多年也相安無事。那口氣輕描淡寫到好像在說院子曾經有一棵蘋果樹被人砍了。

離我家不遠處有個古老的小墓園，裡面擠了約一百人，有些墓碑可以追溯到十九世紀，墓園四周蓋滿了昂貴的華宅。查看網路上的房價，和墓園僅一牆之隔的房子好像一毛也沒便宜。美國人就喜歡這種清靜，墓園和公園對他們都一樣。由於進入豪宅區和墓園是同一條死路，外面會標明前方是「死路」（Dead End），這裡的住戶或許還喜歡這種雙關語的幽默。

偶爾晚上散步經過墓園，會聽到與墓為鄰人家的小孩在後院嬉戲玩耍，五呎高的圍牆外就是一大片東方人的忌諱。也許美國的孩子從小就不把鬼當回事兒，長大了自然不在乎買凶宅。當然，美國人也不信頭七，做了鬼都不知道第七天該回來。到這裡你大概也看出了一個簡單的邏輯：鬼是人的延伸，活的時候不信鬼，死了自然不知道該回來鬧一下。

鬼最需要的是怕他們的人，這方面東方人很盡職。原本只是風吹草動的科學現象，碰到東方人就一定會成為鬼故事。鬼基本上都是機會主義者，反正已經死了時間多得是，只要人們有一點恐懼的反應，他們就可跟著興風作浪。成天死著也挺無聊，不如找些信的人來騷擾一下。這是他們的天責，無可厚非。

鬼是資源、是商機

正因為西方的鬼不輕易出現，反而成為一種珍貴的觀光資源。

多年前我在某英國小鎮住進一家全英國最老、號稱有八百年歷史的旅館。入住後拿起房間裡的觀光文宣，上面大剌剌寫著「歡迎來到英國最有名的鬼旅館」。房間窗子面對的就是一個古墳，也許是他們特地為我挑的最具代表性的房間。

住了兩晚沒有碰到鬼，退房時櫃檯還略帶抱歉地說這也要碰運氣，一抱怨晚上隔壁房間有敲牆聲吵到我睡覺，櫃檯趕緊興奮地告訴我，那一整層樓都沒有其他住客，想邀功，證明他們多少也有鬧一點鬼。她的眼神彷彿在說，看吧！我沒騙你。

我曾約了幾個同事到北加州的淘金小鎮騎登山車，晚上摸黑抵達，沒注意不遠就是個墳場，不但緊鄰鎮中央，旁邊還是餐館酒吧和藝品店。後來網搜一下，發現這座小鎮著名的觀光資源除了登山車下坡道，就是那座古老的墳場。網站上記載著埋在那裡的人，介紹他們的身世、墓碑、埋葬地點，儼然一份觀光指引。進入小鎮有一座必經的百年鐵橋，文宣說曾有個女人吊死在橫樑上。西方人對這一切不但不避諱，還當成特色。

鬼的處境在西方國家基本上是落寞的，因為沒有人怕他們，也沒有太大的市場。這純粹是供需問題，所以一旦有了鬼的蛛絲馬跡，生意人往往相當珍惜資源，這也是東西方對鬼的看法最大的不同。

矽谷也有鬼，而且為數應該不少，只是做得並不成功——這是文化的關係，與能力無關——但仍有極少數非常矜持負責的鬼做得出類拔萃，在這個大部分人都不相信鬼的國家鬧出了一片天地，甚至進了全美排行榜。可見矽谷的鬼不是等閒之輩，都算是很優秀的鬼。

美國著名的十大鬼地方有三個在矽谷，冠軍也在矽谷，全是著名觀光景點，可能你去過了都不知道那些地方順便以鬼出名；如果還沒去過，建議來矽谷時除了參觀蘋果的飛碟環形總部、去 Google 吃頓霸王飯，也去這些鬼地方看看。運氣好的話，說不定那些鬼會搔首弄姿，故意讓你看兩眼。若真碰上的話記得假裝尖叫幾聲，他們和人一樣需要鼓勵。

大黃蜂號航母博物館（USS Hornet）

大黃蜂號是一艘退役的航空母艦，也是一條知名鬼船。它停靠在舊金山灣東岸的軍港內，儘管電視報導過好幾次，矽谷人知道這個博物館的其實並不多。

大黃蜂號參與過二戰和越戰。二戰時曾在菲律賓海被日本轟炸機擊中，犧牲過三百多名官兵。越戰時期也曾經因為多起戰鬥機起降意外而發生重大傷亡。一九七〇年經過多年整修後改建成博物館，永久停靠在軍港內供人參觀。

兒子小時候我帶他去參觀過。那天下大雨，參觀的人很少，買了票上船之後沒有導覽員，自己拿簡介按照路線圖前進。這麼大一艘可以容納三千人的航空母艦，幾十個觀光客打散著走，幾乎從頭到尾都看不到其他人，船艙裡頭也本來就會有種杯弓蛇影的恐懼感。

我們在狹小昏暗像迷宮似的船艙通道裡爬上爬下進進出出，穿越當年的寢室、食堂、浴室、廁所。我們還使用了洗手間，也就是最著名的鬼點。相傳很多人在廁所看到二戰時期的水手沖了馬桶開門走出來，我們沒有這麼好的運氣，可是的確聽到了一些奇怪又沉重的鋼鐵聲。下一個著名鬼點是船上的急救室，館方放了一些假人模擬戰場上的急救情況。傳說中這裡會聽到傷患垂死哀嚎的聲音，知名的電視探鬼節目也曾在這裡偵測到劇烈的磁場變化。

這條船已經除役，船上除了志工和觀光客不應該有其他任何人，可是最常聽到的報導是看到穿著海軍制服的人員在船艙內進出，而且一律來無蹤去無影。好幾位於夜間整修船隻的工人正面和這些水手打過照面，但美國海軍一再表示並沒有派駐任何人員在這條船上，這類傳說因此更令博物館當局與觀光客興奮。每年萬聖節博物館都會開放到午夜，讓特定團體帶大家去尋鬼。

與精品區為鄰的溫徹斯特鬼屋（Winchester Mystery House）

這棟著名鬼屋坐落在矽谷首都聖荷西的精品區 Santana Row 外。美國的鬼屋看起來永遠和藹可親，所以矽谷幾乎所有學校都會安排學生來參觀，我光是參加孩子的校外教學就不知道來過幾次。

溫徹斯特鬼屋著名的是房子本身的奇特。溫徹斯特是美國西部時代最著名的槍枝製造商，西部片裡幾乎所有的長槍都出自溫徹斯特廠。可能因為槍枝製造了太多冤魂，溫徹斯特遺孀受到靈媒的指示，必須永遠不停地建造房屋才能避免被冤魂糾纏。這棟房子從一八八四年開始蓋，在完全沒有藍圖和章法的情況下蓋了近四十年，直到女主人過世才停止。

由於施工沒有計畫，工人們完全依照女主人的指示做一步算一步，蓋出來的房子非常奇怪。有些門打開後面就是一道牆，有些窗子打開是另外一個房間，有些樓梯通到一面死牆。女主人相信，只有這樣才可以讓那些冤魂迷惑，遠離這棟房子。

舊文獻說，這棟房子一共有一百六十一間臥房和四十間浴室，但幾年前又發現了一些從來沒有人知道的密室。據說女主人直到過世都沒有辦法擺脫纏身的鬼魂，甚至最後她自己也變成了陰魂不散的惡靈。

相比於奇形怪狀的房間，來參觀的遊客似乎對鬼的傳說更感興趣，導覽總是繪影繪聲地訴說夜間維修房子的水電工和鬼之間的際遇。九〇年代中期，某知名靈異學家入住溫徹斯特鬼屋，花了三個月每天二十四小時不停地用儀器蒐集各種靈異資訊，同時面談了一百六十多位目擊者，最後歸納出兩百七十四件科學無法解釋的靈異事件。後來在院線熱映的電影《溫徹斯特鬼屋》（*Winchester*）就是根據這份報告改編而來。

灣區最著名的藍衣女鬼（Blue Lady）

無論東西方，最適合拿來做鬼故事題材的都是淒美的愛情故事，矽谷當然也不能落後。距離舊金山三十分鐘車程的半月灣有間著名的海景餐廳，餐廳酒吧就以藍衣女鬼出名。

故事背景在一九二〇年代，藍衣女子是酒吧常客，因為愛上了酒吧的鋼琴師，兩人下班後在海灘漫步，疑似雙雙遭到吃醋的丈夫從背後刺死。從此以後，藍衣女子不厭其煩地回到酒吧，希望能再見到鋼琴師。

女鬼出現時，吧檯的吊燈會搖動，餐廳裡的廚師說常有人在背後拍他，有時候盤架上的餐具會自動移動，很多餐館員工都看過披著棕色長髮、穿著藍色長裙在地板上「掠過」的藍衣女鬼。

我必須說，這是東西文化接近到最令我興奮的一次：長髮、披肩、長裙、沒有腳，用飄的……老天，這不百分之百符合「阿飄」的定義嗎？也讓我非常懷疑女鬼是不是有東方血統。

藍衣女鬼的故事在當地流傳了五十年，一直吸引著在地顧客，直到一九八一年登上《舊金山觀察報》，小酒吧一炮而紅。二〇一九年著名旅遊頻道把故事搬上電視製作了一集《美國最恐怖的地方》後，此處更成為全美爆紅的鬼地方。

後來有員工爆料，餐館爆紅後為了開發更大商機，請人在酒吧和廁所裝了一些裝神弄鬼的小機關來吸引更多客人，但爆料員工也說，酒吧的確一直鬧鬼，只是鬧得沒有媒體報導的那麼兇。但我認為更重要的不是這裡如何鬧鬼，或是否真的鬧鬼，而是東西方對鬼看法的不同。如果發生在台灣，我不相信任何一家傳說鬧鬼的餐館會自行加碼讓鬼鬧得更兇，只為了吸引顧客。

異端借鬼促銷顯然很成功，因為大家都想看鬼，餐館生意爆滿。美國人把鬼當搖錢樹，像這樣靠鬼網紅而大發利市，也真難為了最底層無酬賣命的鬼。

全美國最鬼的地方：惡魔島（Alcatraz Island）

去過金門大橋的人，一定看過坐落於金門大橋附近的惡魔島。這是好萊塢電影取材的知名故事場景，也是全美國鬧鬼排行榜第一名。連大文豪馬克・吐溫參觀過惡魔島之後都說：「不知道為什麼，這個地方陰沉沉的，有點讓人不寒而慄。」

惡魔島在一八六〇年至一九六三年間是全美最惡名昭彰的重刑犯監獄。從過去的囚犯、獄卒，到今天的導覽員和觀光客，大家都異口同聲地說，這裡有非常多靈異現象。雖然早已改成聯邦博物館，還是有人常常聽到監獄囚犯集體行動的聲音。《華盛頓郵報》說「這裡好像有某種無法宣洩的怨氣」，哥倫比亞廣播公司的製作小組也在已經荒廢幾十年的監獄醫院裡，經歷了一些無法解釋的事。靈異學家史都華（Mollie Stewart）於二〇〇六年宣稱這裡「鬧得很兇」。

做為一個去過惡魔島兩次的觀光客，我非常同意馬克．吐溫說的，那地方的確陰沉沉怪怪的。西方的鬼往往是用惡魔般的長相，加上一些輕微的暴力與怪異的聲音來調戲你，有時甚至還帶點喜感，通常沒有東方女鬼那種陰森的恐怖，但惡魔島的鬼可能受過東方女鬼的指點，知道怎樣用陰森取勝。也許正因如此，這裡終年遊客不斷，管理當局現在還推出夜間導覽，看準的就是和鬼有關的龐大商機。

就市場投資的角度來看，惡魔島的鬼和管理當局都做到了皆大歡喜，把投資發揮到極致，讓鬼鬧得兇，錢也賺得多。這裡的鬼，算是全美國做得最成功的。

過去幾百年來，西方的鬼往往以醜陋噁心的嘴臉出現，讓人討厭的程度遠超過恐懼。西方人並不了解東方鬼令人不寒而慄的恐怖藝術。日本恐怖片《七夜怪談》二十年前成功打入好萊塢後，徹底改變了美國人對鬼應該有的態度。

有時候和老美聊到鬼，他們異口同聲承認長髮披肩、看不見臉的白衣女鬼才是無懈可擊地恐怖，這才了解真正的恐怖「在感覺而不在視覺」，要做到恐怖就必須拿捏好陰森。也許這才是他們過去不怕鬼的原因。對鬼而言，過去的市場策略算是全盤失敗。

未來西方的鬼應該會得到一些啟示，學習東方鬼那種含蓄與陰森，藉此提高他們自己在西方國家的社會地位。畢竟做一個沒人怕的鬼也是永恆的乏味。

終幕

以及，更多不為人知的矽谷

寂寞的矽谷

有一次出完差晚上從拉斯維加斯飛回矽谷首都聖荷西，飛機從內華達沙漠起飛後就一片漆黑。我們飛越死亡谷（Death Valley），穿越四千四百公尺的美國本土第一高峰惠特尼峰（Mount Whitney），然後飛越美國西部最大的山脈塞拉山脈——它就像台灣的中央山脈一樣南北貫穿了整個美國大陸。

如果是白天，這九十分鐘飛行期間應可看見底下的白雪皚皚和優勝美地國家公園的冰河山谷，只不過那次是晚上，一片漆黑中，機長廣播請乘客綁好安全帶，要機組人員準備降落。

如果是第一次來矽谷，你一定會覺得機長在開玩笑。兩邊窗外仍舊是全然的墨色，哪有地方可以降落？傳說中的矽谷到底在哪裡？直到聽見起落架放下的機械聲，你才看到，機翼下方確實有一條高速公路，唯一的一條，四周仍是黑漆漆。如果再努力往前看，你將赫然發現，在一片死寂與漆黑之間，遙遠的前方竟閃爍著一片金黃，好像突然看到了希望。

是的，矽谷的地理位置遠比我們想像得更孤寂，這小片補丁般的燈火在浩瀚的漆黑中顯得寂寞又勇敢。但這就是矽谷，一小片燈火卻背負著全世界科技的期望。全球市值最高的五家公司有三家都在這一小片燈火中。也只有離開了矽谷才會知道，原來它這麼寂寞。

斷層的矽谷

矽谷和台灣一樣處於地震斷層帶上，而且是同一個板塊的兩端，這一端的斷層狠狠劃過矽谷，另一端切過花蓮外海。

記得台灣公布地震可能產生土壤液化的地區時，搞得台北市人心惶惶，但大家也都很健忘，房價該漲的還是繼續漲。矽谷地震土壤液化的情況比台北更嚴重，而且相關資料早在二十年前就已公諸網路。

整個矽谷幾乎有九十%以上都是紅色重災區，六個主要斷層與太平洋板塊的東緣平行而均勻地散布在整個舊金山灣區。斷層不虧待任何人，大家機會均等。

看地圖和實際到山裡「拜訪斷層」仍有很大的心理差距。站在山頂上，你將清楚看到一條知名的地震斷層跨越城市翻山越嶺而來，最後悄悄消失在群山之中。這條斷層只有在山上才如此明顯，因為在有人煙的地方，斷層上都蓋滿了建築物，把真相掩埋在地下。

巨木的矽谷

矽谷西邊的山脈就是著名的太平洋海岸山脈（Pacific Coast Ranges），這道山脈從南加州開始一路往北延伸到西雅圖，山上長滿了知名的加州紅杉。從矽谷往西則有幾條翻越山脈的公路，短短十幾分鐘車程就能從蘋果新落成的環形總部進入一片原始森林。

這裡可以從事非常豐富的戶外活動，既是登山車愛好者的天堂——世界上並沒有太多地方可以讓你騎著單車在紅木森林中高速穿梭跳躍，也是健行者的天堂——花兩天一夜就能走到太平洋海岸，整路四十幾公里全是原始森林，幾乎看不到陽光。夏天則是溯溪者的最愛，如果你夠無聊，體力也夠好，順著溪谷走兩天都不會碰到第二個人。

鹽田的矽谷

如果爬到矽谷東邊的山頂上，你也許奇怪山腳下為什麼會有一片又一片的白色鹽田。說起來很多人都不相信，矽谷產鹽，而且曾是相當重要的產業。

矽谷是全美國兩個海鹽生產地之一，鹽業也是矽谷最古老的產業，那些鹽田早在一八五四年就在那兒了。

Google 總部的旁邊原本就是一片有產能的鹽田，直到二〇〇三年才關閉。今天的臉書園區四周還看得到殘留的鹽池，乍看就像剛下了場初雪。鹽與科技一直在這樣一個最不可能的地方悄悄為鄰，而矽谷每天幾百萬人對這一片片鹽田視而不見。

鹽田和 Google 在歷史上曾經肩並肩共處，只不過那是一個交替的共處，矽谷剩下的其他鹽田也將逐漸關閉，一百七十年的產業正黯然謝幕。

美國最大的製鹽公司 Morton 生產的海鹽全部賣往全世界的高檔餐廳，下次在牛排上灑海鹽時，別忘了那些鹽很可能來自矽谷。

好萊塢的矽谷

好萊塢原本在矽谷。

一九一〇年代的美國默片都在矽谷一個叫做尼羅鎮（Niles）的地方拍攝。這小鎮坐落於舊金山東灣一個山谷出口，背景全是綿延的緩坡。有舊金山做為市場，加上又是西太平洋鐵路上的重要車站，尼羅鎮非常適合西部片的場景，在一九一〇年到三〇年間聚集了世界最大牌的明星，儼然就是今天的好萊塢。

一九三〇年代中期，有聲電影開始南遷到洛杉磯，好萊塢的重心慢慢移轉。一九五六年，尼羅鎮併入佛利蒙市（Fremont），這個名字也漸漸淡褪。

今天的尼羅鎮仍保有獨特的美國西部風情，仍有一座沒有火車的古老車站，商店沿著車站分布。走在街上你不會相信自己置身矽谷，沿著主街還可看到全矽谷獨一無二的古董店區，一條街就有十幾家古董店，每一家賣的都是陳年記憶。發黃的麻將、可能被鬼附身的布娃娃、某人的祖父用過的湯匙，店門口還停著一九三〇年代的老爺車。

最重要的是，尼羅鎮保留了電影博物館，陳列著默片時代的攝影機。如果好萊塢真的在矽谷定居下來，對這個世界彷彿也太不公平，分一點給洛杉磯算挺合理的。

對了，看看標價，六張可能高齡百歲而失落的麻將牌串在一起，一串能賣美金二十五元。矽谷自古賣的就是創意。

鬼鎮的矽谷

矽谷有一個後有高山前有小河，處處蟲鳴鳥叫，距離各大科技公司不超過二十分鐘車程的黃金好地段，只要在地圖上輸入「Drawbridge CA」，Google 地圖會把你帶到一個根本過不去的地方。

這裡曾是一座獨立小鎮，有火車站、旅館、酒吧、俱樂部、賭場、一條主街，以及近百戶人家。小鎮位於一個小島上，沒有道路只有鐵路，二十世紀初曾是人們打獵釣魚度假的休閒地，現在只剩下六、七間鬼屋，雖然距離特斯拉、亞馬遜出貨中心、雅虎、微軟與 Google 雲端中心都不遠，位於矽谷核心，卻從沒人聽說過。

小鎮之所以沒落，主要是因為二十世紀初期受到環境汙染，加上沼澤地慢慢下沉，不再適合居住。最後一位小鎮居民於一九七九年遷出，從那天開始，這裡就淪為矽谷唯一的鬼鎮。八〇年代矽谷出道爆紅，鬼鎮也以同樣的速度被遺忘。

這個小島現在屬於聯邦禁地，要過去得划獨木舟並採取夜襲模式。除了划船，火車也會在小島上飛速穿過，但除非知道這段歷史並努力往窗外看，才有可能在瞬間捕捉到幾許消失中的歷史痕跡。

死亡的矽谷

舊金山南邊有個叫做科瑪的小鎮，距離舊金山只有二十分鐘車程，又有捷運，犯罪率近乎零，晚上絕對安靜，而且房價不到舊金山一半。聽起來像是居住的天堂，沒錯，這裡的確住了兩百多萬人，而且的確都住在天堂裡。

科瑪鎮是矽谷的死亡之城，此地的活人只有一千多，死人與活人的比例是一千三比一，活人之中有七十％從事殯葬業。

美國老一點的大城市裡，墓園常和社區混雜相處，但住在舊金山的人大概都注意到了，舊金山沒有墳墓，我從沒看過任何一個。因為舊金山土地狹小，從一九〇〇年以來就禁葬，從那之後的死者，統統外送到南端的死亡之城。科瑪鎮其實就是舊金山的專用墳場。

為了進一步解決已經在市區內到處埋葬的幾十萬人，舊金山自一九一二年起花了三十多年遷葬所有墳墓。今天舊金山有些興建於一九五〇年代的房子就是蓋在當年挖空的墓地上頭。一九九三年一棟大樓施工打地基時，甚至意外發現了七百多具當年沒有清除的骨骸。

當然，任何事都有吸引作用，就像科技公司吸引科技人才一樣，科瑪鎮把死亡這件事做得專業又成功，以至不只舊金山，甚至整個矽谷都鍾愛讓往生者於此安葬。科瑪鎮一共有十七個大到看不到邊的墓園，其中包括寵物與流浪漢專屬的無名氏墓園。這也是矽谷式的專業。

如果你在進入南舊金山的高速公路下錯交流道，不小心進入科瑪鎮，最後可能會誤入墳場，這裡條條大路通墳場。在這裡要是晚上叫 Uber 大概沒人會接單。就算來了，大家也會互相害怕對方。

死亡之城記錄了舊金山過去一百五十年的死亡，而且還會繼續記錄下去。

第一的矽谷

矽谷東邊的主峰上有個鮮為人知的世界第一。站在主峰峰頂往西，你可以一眼看盡所有科技公司，走下山馬上能在特斯拉工廠試開電動車；往東，綿延幾百公里的荒野很可能讓你永遠走不出去，甚至被外星人綁架。

極少有人知道，五十年前，這是全世界第一個滑翔翼試飛的地方。

一九七一年九月六號，一個叫大衛．奇邦（David Killbourne）的矽谷人研發了第一個固定型三角翼，大膽地背著自己的新發明，爬了三小時山路，從峰頂的懸崖一躍而下。

這嘗試既大膽又創新，當時他自己也不知道設計是否成功。如果設計有任何瑕疵，他很可能一落千丈直墜山底，後人或許不敢再嘗試這類運動。但那一天，他總共飛翔了六十三分鐘，這是人類距離自然飛行最接近的時刻，也是人類追夢最重要的一大步。

其實，大衛．奇邦和今天特斯拉追求自駕並沒有不同，其背後代表的大膽創新一直延傳到今天，成為矽谷精神。

鬼鎮的矽谷

巨木的矽谷

鹽田的矽谷

水神廟的矽谷

長城的矽谷

斷層的矽谷

野花的矽谷

寂寞的矽谷

第一的矽谷

劇終

如果念出下面四家公司你會想到什麼：IBM，微軟，推特，Google？大型線上會議閒著無聊，我開始偷偷數一線高階主管有多少口音不像在美國出生的，算算有五成。如果開個純美式玩笑，他們可能會嫣然一笑馬上轉話題，否則就會露餡。這招我熟。我相信骨子裡這些人都跟我一樣不美國。

一位好友國中就念得滿頭包，高中又留級考不上大學，退伍後輾轉到矽谷一切從零開始，還得補過去的不足，後來一路在知名科技公司做著高階主管。他也許有點料，可是那個料在台灣沒人在乎，因為他會想、會說，但不會念書又不聽話。到了矽谷他開始努力，因為矽谷看中他的料，給了他機會。

那位坐我隔壁曾經不小心搞砸公司資料庫，臉色慘白到像剛捐完五百西西血的印度工程師，後來做了知名公司的CTO；另一位十年前的同事今天是資產兩千五百億美元科技公司的CTO。他們都曾是我身邊最不起眼的工程師。

前述四大公司的CEO都出生於印度，在印度念完大學才來美國。他們都從學生簽證，到工作簽證，到綠卡，到公民一路爬上來。這些人都曾經是矽漂族，是外來移工，是那種英文有口音，一碰到美式玩笑就可能露餡的不道地美國人。

是矽谷標準低到阿貓阿狗都可以混出名堂，還是矽谷放下身段大方製造了人才？

如果上面每一個人都留在自己的國家，他們不會有今天；如果矽谷把高收入工作留給美國人，矽谷也不會有今天。人才是給了機會培育來的，不是保護出來的。

今天矽谷這些外來族，薪資已經遠遠超過了美國人。世界上哪些國家能接受外來者比本地人富有，讓他們做老闆？外來移工對我們的定義，是不是必須比我們低一等，做我們不願做的事？哪一個國家敢准許市值千億美元的企業，有半數一級主管是移民？誰敢讓講話帶著口音的外來移民接掌台積電等級的企業？

矽谷成功不在科技，而在接納與包容。

矽谷是一個五彩拼圖。每一片拼圖落了單就什麼都不是，被丟棄了都不會有人知道。只有放在這個敢接納它的畫框裡才能貢獻出價值。矽谷會成功是因為它願意做可以一直擴張的大拼圖讓大家都參與，而不願做一幅只能看的名畫。

矽谷有富貴有貧窮，有豪宅有帳篷，有成功有失敗，有犒賞有淘汰；矽谷有蘋果和工程師，也有長城和山獅；矽谷愛燒野火又缺水，也有做得不出色的鬼；矽谷有南腔北調的英文，也有搖頭表示同意你的人……這才是完整的矽谷。

矽谷並不異類，異類的是世界總是看著它的同一面編著美麗的故事，卻不知道故事為何美麗。這本書只是試著把這塊拼圖補齊，呈現出來。

ACROSS 058

異類矽谷：老派矽谷工程師不正經的深度田野踏查

作　者—鱸魚
責任編輯—陳詠瑜
行銷企畫—林欣梅
校　對—聞若婷
封面設計—FE工作室
地圖繪製—廖于婷
內頁設計—張靜怡

編輯總監—蘇清霖
董事長—趙政岷
出版者—時報文化出版企業股份有限公司
一〇八〇一九臺北市和平西路三段二四〇號三樓
發行專線—（〇二）二三〇六—六八四二
讀者服務專線—〇八〇〇—二三一—七〇五
（〇二）二三〇四—七一〇三
讀者服務傳真—（〇二）二三〇四—六八五八
郵撥—一九三四四七二四時報文化出版公司
信箱—一〇八九九臺北華江橋郵局第九九信箱
時報悅讀網—http://www.readingtimes.com.tw
電子郵件信箱—newstudy@readingtimes.com.tw
時報出版愛讀者粉絲團—https://www.facebook.com/readingtimes.2
法律顧問—理律法律事務所　陳長文律師、李念祖律師
印　刷—華展印刷有限公司
初版一刷—二〇二二年三月四日
初版四刷—二〇二四年八月二十八日
定　價—新臺幣三八〇元
（缺頁或破損的書，請寄回更換）

時報文化出版公司成立於一九七五年，
一九九九年股票上櫃公開發行，二〇〇八年脫離中時集團非屬旺中，
以「尊重智慧與創意的文化事業」為信念。

異類矽谷：老派矽谷工程師不正經的深度田野踏查／鱸魚著. -- 初版. -- 臺北市：時報文化出版企業股份有限公司, 2022.03
288面；14.8×21公分. --（Across；58）
ISBN 978-957-13-9905-8（平裝）

1. CST: 文化　2. CST: 社會生活
3. CST: 美國舊金山

535.752　　110022270

ISBN 978-957-13-9905-8
Printed in Taiwan